내러티브와 스토리텔링

도덕성 발달의 이해

Mark B. Tappan & Martin J. Packer | **이재호** 옮김

NARRATIVE

and

STORYTELLING

저자 서문

　　지난 10년 우리는 도덕성 발달이론과 그에 관한 연구 분야에서 인상적인 변화를 목격하였다. 주된 변화는 30년 이상 지배적인 패러다임을 이루어 온 로렌스 콜버그(Lawrence Kohlberg, 1969, 1981, 1984)의 인지발달론적 접근에 대한 비판과 도전으로부터 시작되었다.* 인간의 도덕적 삶에 관심을 두고 있는 연구자들과 전문가들이 도덕성 발달 연구를 심리학과 교육학의 주류로 편입시킨 콜버그의 위광(威光)에 적지 않은 이론적 빚을 지고 있는 것이 사실이지만, 그의 접근이 안고 있는 메타이론적·이론적·방법론적인 면에서의 한계에 대한 인식이 높아지고 있다는 점 또한 사실이다. 콜버그의 연구에 대한 많은 그리고 다양한 비판들 가운데 핵심 내용은 다음과 같다. 이른바 정의(正義) 추론의 단계에 의해 구조적으로 개념화된 인지발달론적 시도, 달리 말하여 비교문화적으로 보편화된 여섯 가지 계열이라는 전제 조건에 입각하여 도덕적 역량의 개체 발생을 공식적으로 재건하기 위한 시도는 도덕 영역의 다차원적 성질을 충분히 고려하지 못함으

---

* [역자 주] 이 책은 1991년에 출간되었다. 따라서 독자는 '지난 10년'과 '30년 이상'이라는 표현을 1991년을 기점으로 하여 시간을 거슬러 이해하기 바란다.

로써 개개인의 실제 삶에서 일어나는 도덕적 경험에 대한 인지적, 정서적, 능동적 복잡성의 측면을 적절히 포착하지 못한다는 점이다. 이러한 비판의 핵심에는, 인지발달론적 시도가 성별·인종·계급·문화의 차이를 포함하는 맥락 요인들이 개개인의 실제 삶에서 도덕적 경험의 의미를 형성하는 데 귀중한 영향력을 행사한다는 점을 제대로 인정하지 않는다는 주장이 깔려 있다.

이 책의 목적은 이러한 염려에 응답하기 위한 시도로서 도덕성 발달 연구에 있어서의 간학문적 접근이라는 새로운 장을 소개하는 데 있다. 이 접근은 인간 존재의 중요한 측면에 해당하는 내러티브(스토리텔링)에 중점을 두고 있다. 말하자면, 인간은 주로 내러티브를 통해 자신의 행위와 타인의 행위를 이해하는, 본성적으로 "이야기를 주고받는 동물"임을 공통 전제로 한다(MacIntyre, 1981). 또한 내러티브는 어떤 일련의 사건에 의미, 특히 도덕적 의미를 부여하는 기능을 한다(White, 1981). 그러므로 이 접근은 내러티브가 인간의 도덕적 경험을 이해하는 데 매우 강력하고 효과적인 매개체로서의 역할을 제공한다는 점을 전제하고 있다.

이 이외에도 도덕성 발달에 대한 소위 내러티브 접근들이 지니는 공통점은 무엇인가? 첫째로 이 접근은 인간의 도덕적 삶에 대한 다양한 도덕적 이야기가 있을 수 있고, 또한 실지로 있다는 인식하에 도덕 영역의 다면적 특성에 대한 이해를 공유한다. 둘째로 이 접근은 서사적 국면에 놓여 있는 모든 일상 삶에서의 시공간과 관계적 맥락에서 일어날 수 있는 살아있는 도덕적 경험에 관심을 둔다는 점을 공유한다. 셋째로 이 접근은 언어와 문화를 의미 구성의 본질적 요소로 가정함으로써 도덕적 사고·감정·행동이 말·발화·담화의 형식에 의해 중재된다는 점을 전제한다. 왜냐하면 사고·감정·행동은 의미 형성의 주요 방식, 즉 담화의 한 구체적 장르로서의 내러티브에 의해 의미상 구조화되어 있기 때문이다. 마지막으로 이 책에 소개되어 있는 모든 접근은 해당 연구자들이 타자의 도덕적 경험이 지니는 의미를 이해하고 해석하는 방식인, 이른바 '해석의 문제'에 방법론적 관심을 공유하고 있으며, 또한 연구자 자신의 선입견, 가정, 도덕적 합의가 타자의 도덕적 이야기를 이해할 때 영향력을 행사하고 뒷받침한다는 점을 인정할 것을 요청하고 있다. 따라서 이 책의 각 장은 내러티브와 그에 관한 복잡다단한 쟁점의 이해에 초점을 두며, 도덕성 발달 연구에 관한, 나아가 도덕교육의 실제에 관한 새로운 접근으로 안내한다.

마크 태펀(Mark Tappan)은 첫 장에서 개인이 권위를 주장하게 되고 자신의 도덕적 사고·감정·행동에 대한 책임을 지니게 되는 과정을 탐색한다. 그는 내러티브와 도덕적 경험 사이의 주된 관련성뿐만 아니라 소설을 쓰는 것과 생생한 경험을 하나의 내러티브로 쓰는 것 사이의 유사점을 고찰한다. 태펀은 미하일 바흐친(Mikhail Bakhtin)의 연구를 적용하여, 타인의 말을 자신의 말로 만들 수 있고, '내면적으로 설득력 있는'의 담화 형식으로 말할 수 있을 때, 그럼으로써 자신의 살아있는 도덕적 경험에 관한 이야기를 '저작하고' 그것에 '권위를 부여할' 수 있을 때 비로소 도덕적 권위의 발달이 이루어진다고 주장한다.

제임스 데이(James Day)는 제2장에서 내러티브와 극적인 과정이 사실은 도덕성 발달 연구에서의 두 중심 개념인 도덕적 '판단'과 도덕적 '행동'을 중재하고 형성하는 데 영향을 미친다고 주장한다. 특히 그는 도덕적 행동을 연습하고 검토하며 재규정하는 개인 앞의 '도덕적 청중' 개념에 관하여 간략히 소개한 다음, 아동과 청소년 그리고 성인을 대상으로 연구한 인터뷰를 인용하여 도덕적 청중 현상을 설명한다. 결과적으로 데이는 도덕적 이야기에 그 이야기를 듣는 청중의 기능이 존재하는 것과 마찬가지로, 도덕적 행동에는 그 행동을 보는 청중의 기능이 존재한다고 주장한다.

린 브라운(Lyn Brown)과 캐롤 길리건(Carol Gilligan)은 제3장에서 관계의 심리학에서의 내러티브와 도덕성 발달 연구를 방법론적으로 고찰하는 데 중점을 둔다. 관계적이고 도덕적인 갈등이 내포된 이야기를 해석하는 이들의 방법—자신에 관하여 그리고 관계에 관하여 대화하는 방법에 특별히 초점을 두고 자신의 살아있는 경험을 묘사하는, 소위 '경청에 대한 안내'라고 명명하는 방법—은 타인과 함께 관계에 입문하는 방법, 타인의 서사적 목소리에 경청하는 방법, 배려와 정의라는 두 개의 관계적 또는 도덕적 목소리에 참여하는 방법을 제공한다. 브라운과 길리건은 이러한 방법의 문학적·임상적·페미니스트 차원을 강조하며, 이러한 차원이 어떻게 그들 연구의 중요한 현상을 명확하게 하는지에 대해 설명하고 있다. 이 글에서는 성인이 되는 미국 여자 청소년들이 마주하는 고뇌에 대하여 다룬다.

마틴 패커(Martin Packer)는 제4장에서, 표현으로서의 내러티브는 개인이 어떻게 행동을 이해하고 어떻게 의미를 생성하는지를 파악하는 데 도움을 제공해 주지만 실지로 개인의 도덕적 삶에 무엇이 일어나는지를 알고 싶다면 행위로서의 내러티브에 초점을 둘 필요가 있다고 강조하면서, 도덕성 발달에 관한 내러티브 접근을 비판적 관점에서 조명한다. 패커는 내러티브와 행동 사이의 관련 문제를 탐구하고 있는데, 실천이 무너질 때 내러티브는 우리들로 하여금 새로운 행동 과정을 드러내게 한다는 것이다. 이 점에서 그는 행동과 내러티브가 내면적이고 변증법적인 관련을 맺고 있다고 주장한다. 나아가 패커는 하이데거(M. Heidegger), 하버마스(J. Habermas), 가다머(H. G. Gadamer)의 연구를 적용하여 행동에 대한 해석적 분석이 우리들로 하여금 발달의 목적에 관한 궁극적인 물음을 비롯하여 도덕성 발달 연구에 관한 전통적인 많은 쟁점들에 대해 재고할 기회를 제공해 준다고 주장한다.

마크 프리먼(Mark Freeman)은 제5장에서 발달의 목적에 대한 문제를 다루고 있다. 프리먼은 내러티브와 도덕성 발달이 서로 밀접한 관련을 맺고 있다고 주장한다. 그 이유는 내러티브가 단지 도덕성 발달 연구에 방법론적인 접근법을 제공하기 때문만이 아니라, 목적을 향한 점진적인 변화로서의 발달 개념에 내러티브와 '도덕'(또는 '선 (善)')이 내재되어 있기 때문이다. 그에 의하면 자아는 내러티브에 의해 규제되며, 발달은 새로운 해석적 맥락을 정립하는 과정에 의해 세계 그리고 자아에 대한 자신의 해석을 다시 쓰는 노력을 일컫는다. 그리고 도덕성은 토론과 대화에 의해 비로소 정립되는 (자신과 타인에게 공히 해당하는) 선에 대한 감각이다.

이 책의 목적은 이론과 연구 분야에서 새롭게 제기되는 방향을 탐색하고, 도덕성 발달 연구에 관심 있는 사람들에게 빠르게 변화하는 이 분야의 이론적, 실증적 연구에 관한 대안적 접근을 제공하며, 도덕성 발달의 내러티브 접근에 관한 더 많은 대화·토의·토론의 분위기를 촉발시키는 데 있다.

Mark B. Tappan
Martin J. Packer

📖 참고문헌

Kohlberg, L. "Stage and Sequence: The Cognitive—Developmental Approach to Socialization", In D. Goslin(ed.), *Handbook of Socialization Theory and Research*. Skokie, Ill.: Rand McNally, 1969.

Kohlberg, L. Essays on Moral Development. *Vol. 1: The Philosophy of Moral Development*. New York: Harper & Row, 1981.

Kohlberg, L. *Essays on Moral Development. Vol. 2: The Psychology of Moral Development*. New York: Harper & Row, 1984.

MacIntyre, A. *After Virtue: A Study in Moral Theory*. South Bend, 1nd.: University of Notre Dame Press, 1981.

White, H. "The Value of Narrativity in the Representation of Reality", In W. Mitchell (ed.), *On Narrative*. Chicago: University of Chicago Press, 1981.

목차

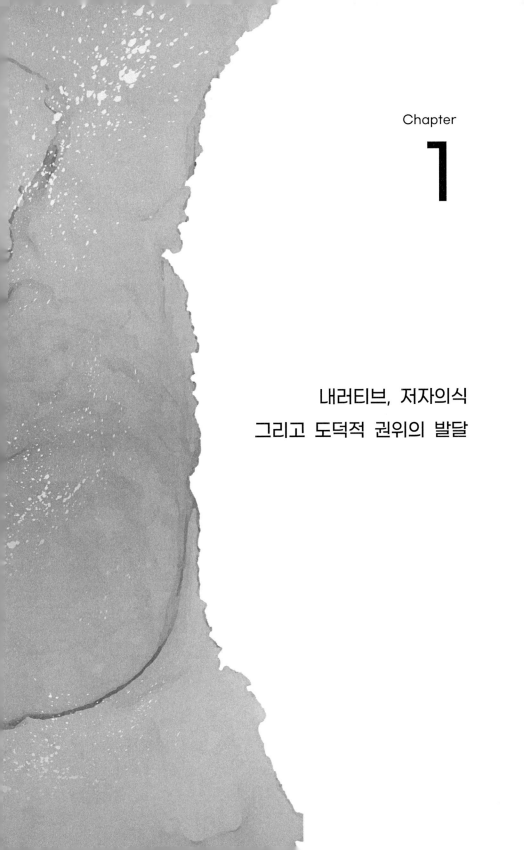

Chapter

1

내러티브, 저자의식
그리고 도덕적 권위의 발달

개인이 타자와의 대화적 관계 맥락에서 도덕 이야기의 저자가 될 때, 그 개인은 자신의 도덕적 사고 · 감정 · 행동에 대한 권위와 책임을 주장하게 된다.

Mark B. Tappan | Colby College

내러티브, 저자의식 그리고 도덕적 권위의 발달

> 세계에 대한 책임은 권위의 형태를 지니고 있다.
> 진정한 권위가 존재하는 곳에는
> 항상 일의 진행에 대한 책임이 수반된다.
> ― Hannah Arendt, 1968, 189 ― 190

이 장의 서두에서, 오하이오 주 클리블랜드의 한 여학교에 다니는 17살 아이린(Irane, 가명)의 도덕적 갈등과 도덕적 선택에 관한 다음 이야기를 권위와 책임에 관한 아렌트(H. Arendt)의 성찰과 함께 숙고해보길 권한다.

아이린: 저는 그동안 대학을 선택하는 것과 그 과정에서의 충돌에 관해 쭉 생각해왔습니다. 왜냐하면 저의 부모님은 제가 어느 한 대학에 가길 원하셨지만 저는 원하지 않았고, 저는 저 자신을 위한 선택을 할 것인지 부모님을 위한 선택을 할 것인지 결정해야 했기 때문입니다. 부모님이 원하는 대학을 직접 방문해봤지만, 저는 그곳이 마음에 들지 않았고 이를 부모님에게 말씀드리는 것은 어려운 일이었습니다. 부모님이 원하는 대학에 진학할 수도 있었지만, 만일 그 대학에 진학했더라면 저는 부모님을 위해 공부하고 있었을 것입니다. 그래서 제가 대학에 진학해야 한다면 그 대학은 부모님이 원하는

곳이 아니라 제가 가고 싶은 곳이어야 한다고 부모님에게 말씀드렸습니다.

질문자: 어떤 점이 갈등이 되었나요?

아이린: 저의 부모님을 위해서 이걸 하느냐 마느냐의 문제였어요. 부모님은 저를 학교에 다닐 수 있도록 해주셨고 옷을 비롯한 모든 것을 사주셨으며 저를 길러주셨기 때문에, '제가 부모님을 위해서 그렇게 할 수도 있지 않을까'라는 생각이 들었습니다. 부모님에게 신세를 많이 졌으니까요. 그런데 그와 동시에 부모님이 어떻게 생각하시든지 스스로를 위해 저 자신을 성장시키고 제가 원하는 것을 선택해야 한다는 느낌이 들었습니다. 부모님은 지금의 저의 대학 선택에 행복해하시고, 저 또한 저 자신을 위한 선택이었다는 것에 행복합니다.

질문자: 옳은 일을 한 것 같나요?

아이린: 네.

질문자: 왜 그렇게 생각하는지 말해주겠어요?

아이린: 그 결정으로 저는 기분이 좋았고 제가 누구의 마음도 아프지 않게 했기 때문입니다. 그 당시 부모님은 실망하셨지만, 그 일이 큰 시련이라고 생각하지는 않으셨거든요. 저 자신을 위해 결정한 것이기에 기분이 좋았던 것입니다.

질문자: 그 상황에서 무엇을 배웠나요?

아이린: 때로는 부모님 또는 저와 관련된 누군가를 위해서가 아니라 저 자신을 위해서 무언가를 해야 한다는 것을 배운 것 같아요. 그것이 제가 마땅히 감수해야 하는 일이라면 더 중요한 문제이기 때문입니다. 가끔은 그냥 자신만을 위해서 생각해야 합니다.

아이린과 같은 개인은 어떻게 권위를 주장하게 되고 또 어떻게 자신의 도덕적 사고·감정·행동에 책임을 갖게 되는 것일까? 달리 말하여 아이린이 도덕적 결정을 해야 하는 딜레마에 맞닥뜨렸을 때 ―이 상황에서 어떻게 하는 것이 '옳은' 것인지에 대한 질문에 직면할 때―, 무엇이 이 상황에 대한 그녀의 사고·감정·행동에 권위를 부여할 수 있게 하는가? 이 물음은 도덕적 권위의 발생과 현상에 관한 문제이고, 이하의 논의에 드러나 있듯이, 이 물음에 의해 얻게 되는 성과는 인간의 도덕성 발달의 중요한 측면에 해당한다.

모든 발달 이론은 필연적으로 수명의 추이에 따라 진행될 것으로 예상되는 종착점, 즉 이론이 지향하고 있는 목적에 의해 그 의미가 규정된다(Kaplan, 1983, 1986; Freeman, 제5장). 전통적으로 도덕성 발달 이론과 연구 분야에서 목적은 도덕적 자율성의 모습으로 나타났는데, 이 점은 이 분야에서 영향력이 있고 널리 알려져 있는 장 피아제(Jean Piaget, 1965)와 로렌스 콜버그(Lawrence Kohlberg, 1981, 1984)의 인지발달 이론에 잘 설명되어 있다. 그리고 이 두 이론은 임마누엘 칸트(Immanuel Kant, 1948)의 도덕철학을 이론적 모태로 삼고 있다. 칸트의 관점에 따르면, 도덕적 자율성은 외부의 규칙이나 법 또는 자연의 질서에 따르지 않고 스스로 제정한 규칙·법·원리에 따라 행동하는 것을 의미한다(Tappan, Kohlberg, Schrader, Higgins, 1987). 그러나 도덕적 자율성에 대한 이러한 관점은 '선험적' 인식과 도덕 주체를 전제하고 있기 때문에, 인간이 항상 특정한 관계, 공동체, 사회·문화·역사적 상황에 놓여 있다는 사실을 충분히 고려하지 못하고 있다는 비판을 받아왔다(Benhabib, 1987; Blum, 1987; Gilligan, 1982; Sandel, 1982). 따라서 이 장의 목적은 도덕성 발달 연구에 있어서 대안적 접근을 보여줄 수 있는 또 다른 발달론 상의 목적, 즉 도덕적 권위에 대해 논하는 것이다.

개인이 도덕적 사고·감정·행동에 대해 권위를 주장한다는 것은 무슨 의미인가? 개인이 그러한 권위를 주장한다는 것은 다음 세 가지를 의미한다. 첫째는 개인 스스로가 도덕적 관점을 명확하게 표현하고 인식한다는 것이다. 둘째는 심지어 갈등과 의견 차이에 직면했을 경우라 하더라도 도덕적 문제와 딜레마에 대해 갖는 개인의 사고와 감정을 존중해주고 그것에 권위를 부여해준다는 것이다. 셋째는 도덕적 행동과 도덕적 관점을 옹호하는 개인의 행위에 대해 그 개인이 책임과 의무를 갖는 것을 당연한 것으로 여긴다는 것이다. 이와 관련하여 니부어(H. Niebuhr)와 블라시(A. Blasi)는 도덕적 책임이 개인의 도덕적 정체성 및 본래성과 직접적인 관련을 맺고 있다고 주장한다(Niebuhr, 1978; Blasi, 1984, 1985).

도덕적 권위는 왜 가치가 있고 중요한 것인가? 주변인 개입에 관한 사회심리학 연구(Darley & Latane, 1968)와 권위에의 복종에 관한 사회심리학 연구(Milgram, 1974)에 따르면, 위기 상황에서 권위나 책임과 관련한 경험을 거의 접하지 못했거나 아예 경험하지 못한 사람은 자기 자신의 행동에 권위를 주장하고 책임을 지는 사람들보다 타인에게 해가 되는 방식으로 행동할 가능성이 훨씬 높다. 게다가 나치(Nazi) 정권 당시 유대인을 구했거나 도와주었던 사람들에 관한 최근의 한 연구에 따르면, 협조자들은 비협조자들에 비해 타인에 대한 애착 형성과 유지 그리고 타인에 대한 공감을 더 잘할 뿐만 아니라, 강한 '자아효능감'—자신이 사건에 영향을 미칠 수 있다고 느끼면서 책임감을 갖는 것—을 갖고 있는 것으로 나타났다(Oliner and Oliner, 1988). 즉 다양하고 많은 자료를 통해 얻은 증거들은 개인 스스로가 사고·감정·행동에 대한 권위와 책임을 갖는 것이 타인에게 해가 되기보다는 오히려 도움이 되는 방식으로 행동하게 된다는 점을 분명히 입증하고 있다.

이 장에서 '권위', '책임', '도움이 되는', '해가 되는'이라는 표현들이 사용되는 경우, 그 표현들에 문화적 특수성이 반영되어 있다는 점을 염두에 둘 필요가 있다. 말하자면 그러한 표현들은 이미 관습적으로 정립되어 그 의미를 공유하는 서구권, (포스트) 모던, 탈공업화, 사회·문화적인 맥락에서 사용된다. 이 표현들은 그 밖의 사회·문화적 맥락에서 다른 의미를 가질 수 있고, 또는 동일한 도덕적 중요성을 지니는 의미일 수도 있다. 또한 권위에 대한 나의 이해는 필연적으로 가부장적 문화에 살고 있는 한 백인 남성이라는 나의 특권적 지위에서 나타난다는 점을 알아두는 것이 중요하다. 그러나 이 장에서 사용되고 있는 도덕적 권위의 개념은 담화, 자기권위 그리고 '저항하는' 자아와 관련을 맺고 있다. 도덕적 권위는 우리 사회에서 성별·인종·계급·문화의 다양성을 가로질러서 도덕성 발달에 적용할 수 있는 하나의 목적을 제공할 잠재성을 지니고 있다(Brown, 출판 중 a, b; Brown and Gilligan, 제3장; Jones, 1988).

이 장에서 나는 도덕적 권위 및 책임의 발달과 개인이 실지로 겪은 도덕적 경험을 스토리 또는 내러티브로 '저작하는' 방식의 연관성 문제를 탐색하고자 한다. 저작 행위[저자되기의 과정]*는 시간 계열에 따른 일련의 사건을 단순히 나열하는 것 이상으로, 하나의 스

---

* [역자 주] 저작 행위(the action of authoring)의 주체가 '자아'라는 점을 고려할 경우, 저작 행위는 자아의 '저자되기 과정'과 다름이 없다.

토리로 말하고 하나의 내러티브를 구성하는 '서사화하기'를 포함한다 (White, 1981). 또한 저작 행위는 도덕적 가치가 스토리에 스며들게 하고, 그 스토리에 스며든 저자의 도덕적 관점을 대신하여 권위를 주장하거나 강력히 요구하는 '도덕화하기'를 포함한다. 결론적으로 아동이든 청소년이든 성인이든 간에 개인이 타자(청중)와 대화하는 관계 상황에서 도덕 이야기의 저자가 될 때, 그 개인은 도덕적 경험의 심리적 차원을 구성함으로써 도덕적 사고 · 감정 · 행동에 대한 권위와 책임을 주장하게 된다(Tappan and Brown, 1989; Tappan, 1990).

나는 특히 인간의 도덕적 경험이 근본적으로 내러티브의 형식과 성격을 지닌다는 점을 제안하기 위하여 내러티브와 인간 경험 간의 본질적인 관련성 문제에 대한 논의를 시작하고자 한다. 그리고 나는 러시아의 문예이론가이자 철학자인 미하엘 바흐친(Mikhail Bakhtin, 1981, 1986, 1990)의 연구에 근거하여, 개인이 도덕적 이야기를 저작함으로써 '저자의식'[저자성]을 가지고 또 자신의 도덕적 사고 · 감정 · 행동에 대한 권위와 책임을 주장하는 방식에 대해 고찰하고자 한다. 그런 다음, 특별히 도덕적 권위의 발달에 초점을 두고 있는 '이념 형성—도덕성 발달 과정에 적합한 바흐친의 용어—의 경로에 관한 바흐친의 관점을 간략히 소개하고자 한다. 마지막으로 나는 교사가 어린 학생과 청소년에게 어떻게 저자의식, 권위, 책임을 다하도록 할 수 있는지에 관한 몇 가지 시론 수준의 제안을 제공함으로써 내러티브 및 저자의식과 도덕적 권위의 발달 사이의 연관성을 강조하고자 한다.

내러티브와 도덕적 경험

우선 내러티브와 도덕적 경험의 관계에 대한 두 가지 요점을 중심으로 논의를 시작해 보겠다. 첫째로 개인이 자신의 삶에서 도덕적 선택 및 결정을 할 때, 그 개인은 주로 그 선택과 결정을 위한 대화의 과정에서 스스로의 선택과 결정을 변호하고 거기에 의미를 부여한다. 인간의 경험은 내러티브의 근원적 차원에 해당하는 '시간 속에서', 그리고 '관계 속에서' 발생한다(Alter, 1981; Gilligan, Brown, and Rogers, 1990; Heidegger, 1962; Ricoeur, 1981). 그러므로 '실지로 일어나는 방식'을 설명할 필요가 있을 때마다, 우리의 자연스러운 충동은 하나의 스토리로 말하고 일련의 시간 순서에 따라 행동과 사건을 하나하나 나열하는 식의 내러티브를 구성하려고 한다. 하지만 이야기를 구성한다는 것은 일련의 사건 개요를 말하는 것 이상으로, 특정한 서사적 맥락에 입각하여 사건을 배열하고 이를 통해 인간의 시간 경험과 개인의 행동에 의미를 부여하는 일이다(Polkinghorne, 1988). 그러므로 내러티브는, 식료품 가게에 가는 일처럼 일상적인 것이든 한 사람의 삶을 영구히 바꾸어 놓는 도덕적 갈림길처럼 중대한 것이든 간에, 인간 경험을 재현하고 해석하는 데 적용되는 본질적인 수단이다(Sarbin, 1986).

내러티브와 특별한 도덕적 경험 간의 연관성은 나의 두 번째 요점의 핵심을 제공한다. 나는 정신문명에 있어서 내러티브의 주된 기능 중 하나가 특정한 일련의 사건에 도덕적 의미를 부여하는 것이라고 가정한다. 이 가정에 관한 한, 나는 '서사성'으로 명명하고 있는 화이트의 연구(White, 1981)에 기반을 두고 있다. 그는 시간 계열에 따라 사건을 단순히 나열하는 것과 특정한 사건에 대한 내러티브를 구분하기 위해서는 내러티브가 개념 정의상 특정한 도덕적 관점과 관련되며, 내러티브는 그 도덕적 관점을 대신하여 권위를 옹호하려 한다는 점에 주목할 필요가 있다고 주장한다. 그러므로 내러티브는 일련의 사건에 도덕적 관점을 정당화하고 유지하는 일종의 적법성과 의미를 부여하려는 시도이며, 그것은 누군가의 저작과 발화를 대신한다. '만일 완결성을 갖춘 스토리가 (…) 단순히 계열성을 갖추는 차원을 넘어 도덕성을 가리키는 일종의 알레고리이거나 사실이든 상상이든 간에 사건에 중요한 의미를 부여한 스토리일 경우, (…) 그 스토리는 비록 눈에 보이지는 않지만 사건을 도덕화하기를 바라는 명백한 목적을 지니고 있는 것이라는 결론을 가능하게 한다'(White, 1981, 13–14).

그러므로 화이트에 따르면, 내러티브의 저자는 어떤 일련의 사건들에 대해 이야기함으로써, 그리고 그 사건들에 의미를 부여함으로써 자신의 권위를 확고히 한다. 달리 말하여 저자는 특정한 사건에 대해 서사의 형태와 플롯을 도입함으로써 그 스토리에 사건의 의미와 가치 그리고 형식적 일관성을 부여한다. '스토리의 결말에 대한 요구는 도덕적 의미를 향한 요구이자 "도덕적 드라마"라는 중요 요인에 의해 가치가 평가되는 사건의 계열성에 대한 요구이다'(White, 1981, 20; Burke, 1969). 따라서 서사화의 과정에는 항상 도덕화의 과정이 함께 존재한다.

그러나 내러티브에 관한 이러한 관점은 한 걸음 더 나아가서 내러티브가 인간의 경험과 행동에 의미를 재현하고 제공하는 데 필수적인 역할을 담당한다는 점을 제안할 뿐만 아니라, 내러티브가 인간의 행위 그 자체라는 본래적 서사 구조를 지니고 있다는 점을 제안한다(Packer, 제4장). 맥킨타이어(A. MacIntyre)는 '내러티브는 인간 행동을 특징짓기 위한 기본적이고 필수적인 장르'(1981, 194, 197)라고 주장한다. 왜냐하면 인간 행위는 '시연된 내러티브들'이기 때문이다(Sarbin, 1986). 결과적으로 내러티브는 인간 행동, 즉 자신의 행동과 타인의 행동 모두를 이해하고 해석하는 데 도움을 제공한다.

다른 사람이 무엇을 하고 있는지 또는 무엇을 했는지 정확히 알아내고 이해하는 과정에서 우리는 항상 내러티브 역사의 집합의 맥락 속에 특정한 에피소드를 배치하는 것을 지향한다. 이때 역사는 관련된 개개인과 개개인이 행동하기도 하고 영향을 받기도 하는 주변 환경을 의미한다. 분명한 것은 행동 그 자체가 기본적으로 역사적 특징을 가지기 때문에 우리가 타인의 행동을 이런 방식으로 이해할 수 있게 된다는 것이다. 우리가 삶 속에서 내러티브를 실행하며 삶을 내러티브의 관점에서 이해하기 때문에, 내러티브의 형식은 타인의 행동을 이해하는 데 적절하다. 허구인 경우가 아니라면 이야기는 말해지기 전에 존재한다(MacIntyre, 1981, 197).

그러나 인간의 행동과 경험, 특히 도덕적 행동과 경험의 내러티브적 성격에 관한 이 관점은 개인이 자신의 삶을 자유롭게 살아가면서 단순히 그 자신이 선택한 이야기를 말하는 것을 의미하지 않는다는 점을 인식하는 것이 중요하다. 오히려 이 관점은 내러티브가 개인이 살고 있는 문화에서 중심적 역할을 한다는 사실을 전제하고 있다. 내러티브는 인간 행동을 중재함으로써 경험을 구체화하고 조직하는 '도구'로서의 기능을 지니고 있다(Bruner, 1986, 1990). 달리 말하면 각각의 문화는 모두 세대에서 세대로 전승되어 온 특수한 내러티브와 스토리의 집합을 가지고 있는데, 이 집합은 일상 경험의 사고ㆍ감정ㆍ행동을 가능하게 하는 동시에 제한하기도 하는 내러티브 구조를 제공한다. 맥킨타이어는 다음과 같이 언급하고 있다. "'내 자신을 이야기의 한 부분이 되도록 할 수 있는가'라는 우선적인 질문에 응답할 수 있을 때 비로소 '나는 무엇을 해야 하는가'라는 질문에 응답할 수 있다"(MacIntyre, 1981, 201).

이에 관한 논의를 탐색하는 또 다른 방법은, 한 문화에서의 내러티브가 개인의 행동과 경험을 시간의 흐름에 따라 이해하고 해석하는 방식을 안내하고 지시할 뿐만 아니라, 그보다 먼저 그러한 행동과 경험을 구체화하고 조직하는 공통된 담화의 '선구조'를 제공한다고 제안하는 것이다(Gergen and Gergen, 1986). 이 관점은 경험과 경험을 상징적으로 표현하는 방식 간의 강한 연관성을 시사한다. 특히 이 관점은, 경험과 행동이 개인의 삶에서 의미와 중요성을 가지기 위해서는 경험(그리고 행동)이 반드시 언어적이든 비언어적이든 신호로 표현되고 재현되어야 한다는 점을 시사한다(Vološinov, 1986). 달리 말하면 인간의 행동은 본질적으로 서사적 · 역사적 성격과 구조를 지니고 있는데, 그 이유는 문화적 내러티브와 스토리가 제공하는 상징적 수단에 의하여 인간의 행동이 필연적으로 그것과 관계를 맺으며 표현되고 재현되며, 그리하여 경험되기 때문이다.

저자되기와 저자의식

내러티브와 인간 경험에 관한 이러한 관점은 저자되기와 저자의식에 관한 질문을 필연적으로 불러일으킨다. 구체적으로 말하여 개인을 도덕적 이야기의 '저자'로 보는 것이 이치에 맞는가? 달리 말하여 전통적으로 문학 작품에 어울리는 그러한 용어들을 사용하는 것이 인간의 도덕적 경험의 내러티브적 성격을 분석하는 데 도움이 되는가? 나는 이 질문에 대해 몇 가지 이유를 들어 긍정적으로 대답하고자 한다.

첫째로 근본적 의미에서 볼 때 소설의 저자가 자신이 말하는 스토리의 원작자·창작자·구성자인 것처럼, 개인 역시 이와 마찬가지의 방식으로 자신의 삶의 이야기와 그 안에 담겨 있는 사고·감정·행동의 원작자·창작자·구성자로서의 역할을 수행한다. 이는 바흐친에 의해 특별히 명료하게 안착된 논점이다(Bakhtin, 1981, 1986, 1990). 그에게 있어서 저자되기의 활동은 인간의 존재 양식과 경험을 분석하는 데 있어서 가장 핵심적인 요인이다(Clark and Holquist, 1984; Holquist, 1990). 바흐친은 일반적으로는 의미의 문제가, 그중 특히 가치의 문제가 저자되기의 활동을 통해 역동적인 형태로 표현된다고 주장한다. 따라서 말을 통해서든 글을 통해서든 언어로 표현하는 우리는 모두 저자이다. 그로 인해 '우리는 관점을 도출하고 가치를 형식으로 구체화한다'(Clark and Holquist, 1984, 10). 더욱이 우리가 어떻게 삶의 저자가 되는가, 즉 우리가 어떻게 삶을 분명하게 표현하고 구성하는가의 물음은 우리가 어떻게 생각하고 어떻게 느끼며 무엇을 하는지를 구체화한다. 게다가 바흐친은 도덕과 가치의 문제를 추상적인 철학 체제의 맥락 안에서 다루지 않고 '실지로 건물을 짓는 일'(바흐친은 이것을 '건축학'이라고 명명함)에서 다루고 있다. 그렇기 때문에 그는 '우리 스스로가 세상과의 끊임없는 대화 활동 속에서 답을 구체화함으로써 책임 있는 건축학을 제정한다'(Clark and Holquist, 1984, 10)는 사실을 강조한다.

바흐친은 인간 행동과 경험에 관한 분석에서 저자되기와 저자의식의 개념을 사용하는 것이 왜 도움을 제공하는지에 관한 두 번째 이유를 밝힌다. 저자는 이야기의 원작자이자 창작자일 뿐만 아니라 그 이야기에 대한 책무성을 가진다. 그러므로 우리 각자는 삶의 저자로서 사고·감정·행동에 대한 책무성을 반드시 가져야 한다. '인간 존재는 자신이 저자라는 것에 대한 책임을 요구받을 수 있다'(MacIntyre, 1981, 195). 달리 말하면 우리는 저자로서 자신의 삶에 대해 권위의 태도를 가져야만 한다. 그 이유는, 아렌트(H. Arendt, 1968)가 주장하고 있듯이, 권위는 항상 책임과 밀접하게 연관되어 있기 때문이다 (Hanson, 1986).

그리하여 바흐친은 저자의식, 책임―또는 '응답가능성'이라고 명명하는 것―, 그리고 권위 간의 매우 중요한 관련성을 간파한다(Bakhtin, 1990). 그의 이러한 관점은 행위, 동정(動靜), 에너지, 그리고 궁극적으로는 실행하는 삶으로 전개된다. '사건으로서의 삶은 자아를 실행자로 가정한다. 좋은 결과를 얻기 위해서는 나와 타인 간의 관계가 일관된 실행으로 구체화되어야 하며, 텍스트 생성으로서의 저자의식을 가지기 위한 건축 행위는 자아를 올바로 세우기 위한 인간의 존재 행위와 유사하다'(Clark and Holquist, 1984, 64). 인간이 여타의 생명체와 구분될 수 있는 것은 결국 저자의식의 가능성 유무이다. '자아 대 타자의 책임의 일정 비율이 어떤 일정한 행동―하나의 응답으로 이해되는 행위―에 의해 성취되는 방식은 자아와 타자가 마주하는 상황에서 의미를 구체화하는 자아의 노력의 결과에 의해 변화한다. 자아는 사회적 환경에 응답할 수 있어야 하고, 그 응답한 저자의식에 책임을 가져야 한다'(Clark and Holquist, 1984, 67-68).

나는 바흐친의 입장을 따라, 그러한 저자의식은 개인이 살아가면서 자신의 경험, 특히 도덕적 경험을 말로 표현하는 이야기에서 명확히 나타난다고 주장한다. 바흐친에 따르면, 문학적 저자의식과 '저자 되기로서의 삶'(Kozulin, 1988)이라는 그의 관점 간의 유사성은 예술과 삶 모두에서 자신과 타인 간의 관계가 어떻게 정교함을 이루게 되는 가를 탐구하기 위해 문학 작품 창작의 예증(例證) 사례를 적용하는 시도에서 나타난다. 따라서 이 관점에서 보면, 소설 작품의 저자가 내러티브를 생성하고 저술하는 과정에서 그 자신의 저자의식을 드러냄으로써 도덕적 권위를 확고히 하는 것과 마찬가지로, 우리도 도덕적 행위 주체자로서 우리가 살아가며 말하는 이야기를 통해 스스로의 권위와 책임을 확고하게 하는 것이다. "저자의식의 궁극적 행위는 우리가 자신의 것이라고 일컫는 텍스트로 귀착된다"(Holquist, 1986, 67).

그러나 문학적 저자의식과 저자되기로서의 삶 간의 유사성에 입각한 바흐친의 관점이 소설가이든 도덕적 행위 주체자이든 그 스스로가 유일하게 존재하여 이야기를 자율적으로나 독자적으로 창조하고 생산하며 저술한다는 식의 자유를 의미하는 것이 아니라는 점에 주목할 필요가 있다. 오히려 소설가와 개개의 도덕적 행위 주체는 공히 자신들의 심리적 기능과 경험을 구체화하고 중재하는 데 기여하는 목소리·언어·담화의 형식이 나타나도록 하는 특별한 사회·문화적 맥락과 구체적인 기호·언어학적 환경을 필연적으로 마음속 깊이 새겨두고 있다(Tappan, 1991; Wertsch, 1989, 1991).

바흐친은 비고츠키(L. S. Vygotsky, 1962, 1978)와 같이 개인 간 심리적 관계와 과정이 개인 내 심리적 관계와 과정으로 '내면화된다'는 점에 입각하여 인간 정신이 사회적 관계와 사회적 상호작용의 맥락에 기원을 두고 있다(Bakhtin, 1981)고 주장한다. 이 과정이 실지로 어떻게 나타나는지에 관한 바흐친의 설명은 전적으로 '목소리' 개념에 달려있다. 요컨대 바흐친은 개인이 성장하면서 듣는 말, 발화, 대화의 형식, 언어로 이루어진 다양한 목소리가 모두 경청의 과정을 통해 내면화된다고 주장한다. 이 상이한 목소리들은 서로 간의 부단한 '내적 대화'가 일어나는 정신 속에서 재현되고 보존된다. 그러므로 우리는 아이가 부모, 조부모, 교사, 친구, 텔레비전과 영화 속에서 그가 좋아하는 캐릭터, 심지어는 그가 읽는 책 속에서 마음에 드는 캐릭터의 목소리를 내면화하면서 성장한다고 상상할 수 있게 된다. 결국 이러한 모든 목소리는 그 아이의 정신 내에서 진행 중이면서 역동적인 내적 대화의 모습으로 존재한다. 그 대화 속에서 점차적으로 자신만의 목소리가 분명한 형태로 드러난다. (다음 장에서 데이(J. M. Day)는 그가 '도덕적 청중'이라고 명명하는 논의 과정에서 상이한 목소리들 간의 내적 대화의 경험을 정확히 포착하고 있다.)

그러므로 저자되기 활동은 항상 관계의 맥락에서, 자아와 타자 간에 진행되는 대화 상황에서 일어난다. 저자가 생산하는 발화는, 그것이 말이든 텍스트이든 간에 또는 사고·감정·행동의 표현이든 간에, 무(無)의 상태에서 그리고 홀로 고독한 마음 상태에서 발생하는 것이 아니다. 그보다도 그러한 발화는 분석의 주요한 단위임이 틀림없는 '대화 관계'로부터 생겨난다. 이와 마찬가지의 입장에서 (볼로시노프(Vološinov)의 이름으로도 출판된 바 있는) 바흐친은 모든 텍스트의 저자의식이, 그것이 문학적 텍스트이든 매일 마주하는 삶에서 말이나 발화에 의해 구성된 텍스트이든 간에, 필연적으로 자아와 타자 사이에서 공유된 결과라고 주장한다.

말은 양면성을 지니는 행위이다. 이는 그 말이 '누구의 것'인지에 의해, 그리고 그 말이 의미하는 바가 '누구를 위한 것'인지에 의해 동등하게 결정된다. 말은 명백하게도 '화자와 청자, 발신인과 수신인 간의 상호 관계에서 생성되는 산물'이다. 각각의 그리고 모든 말은 '타자'와의 관계에서 '자아'을 표현하는 것이다. 나는 타인의 관점에서, 궁극적으로는 내가 속한 공동체의 관점에서 나 스스로에게 말의 형상을 제공한다. 말은 자아와 타자 사이에 던져진 다리이다. 만약 다리의 한쪽 끝이 나에게 의존하고 있다면, 다른 한쪽 끝은 나의 수신인에게 의존하고 있다. 말은 발신인과 수신인, 화자와 그의 대화 상대라는 양자에 의해 공유된 영역이다(Vološinov, 1986, 86, 원본 강조 표기).

그러나 저자되기 활동에 대한 이러한 대화적 개념은 저자의식과 권위, 책임, 의무 개념들 간의 연관성에 관한 물음을 제기할 수 있지 않은가? 즉 저자의식이 항상 공유된 것이라면 저자 개인에게 행동에 대한 의무와 책임을 묻는 것이 어떻게 가능한가? 바꾸어 말하면 개인은 근본적으로 자신의 행동에 대한 책임을 수반함으로써 자유 의지의 실행으로 저자가 되는 개인적·자율적 자아의 관점을 취해야만 하는가? 아니면, 개인의 행동은 어느 정도 근본적인 의미에서 관계성을 가지고 대화하는 타자에 의해 결정된다는 관점을 취해야만 하는가?

이 질문에 답하기 위해서는 바흐친의 '대화적 변증법'의 관점에 주목해야 한다. 대화적 변증법은 그의 사상의 총체에 해당하는 개념으로, 단순하고 이분법적인 양자택일의 구분을 허용하지 않는 복잡한 개념이다. 실로 개인에게는 행동에 대한 책무를 가지고 의무를 수행하며 응답해야만 하는 책임이 있다. 왜냐하면 개인이 독립적이고 자율적인 행위 주체라서가 아니라, 오히려 자아의 권위와 책임이 애초부터 타자와의 대화와 타자와의 관계를 통해서만 구성될 수 있기 때문이다. 달리 말하면 자타(自他) 관계에 관한 바흐친의 관점은 유아론적 주관성에 항상 압도될 위험이 있는 홀로 있는 고독한 자아를 상정하지 않는다. 더욱이 자아는 '현실의 궁극적인 특권, 군림하는 의도의 근원 그리고 통합된 의미의 보증인이 묵는 곳에 머무르지 않는다'(Clark and Holquist, 1984, 65). 그러므로 자아는 결코 그 자체로 전부가 아니다. 만일 자아가 전부로서 존재하려면, 자아는 타자와의 관계 속에서 대화적 상황으로 존재해야 한다.

그 결과로, 바흐친은 자타 간의 권위와 책임이 공동으로 상호의존하는 변증법적 (그리고 다소 역설적인) 입장이라는 점을 분명히 하고 있다. '세상이 의미를 제공하는 타자를 필요로 하는 바와 같이, 나 자신을 규정하고 저자가 되기 위해서는 타자의 권위가 필요하다. 타자는 나의 가장 소중한 친구인데, 그 이유는 오직 타자를 통해서야 비로소 자아를 얻을 수 있기 때문이다'(Clark and Holquist, 1984, 65). 달리 말해서 저자의식이 공유되는 것과 마찬가지로 권위 역시 공유된다. 개인이 자신의 도덕적 행동에 권위와 책임을 주장할 때, 즉 개인이 저자의식을 성취할 때, 개인은 스스로 '홀로 서 있는 것'이 아니다. 오히려 개인은 자신의 사고·감정·행동을 규정하고 저자되기를 이끄는 권위를 소유하고 있는 타자—특정한 타자와 일반화된 타자—와 진행되는 대화 관계의 맥락에 의해 비로소 저자가 되는 것이다.

도덕적 권위의 발달

인간 삶의 여정에서 도덕적 사고·감정·행동에 대한 권위와 책임을 주장하는 능력은 어떻게 발달하는가? 바흐친은 이 질문에 대해 그의 에세이인 '소설에서의 담화Discourse in the Novel'(Bakhtin, 1981)에서 매우 흥미로운 답을 제공하고 있다. 그는 내러티브를 생성하기 위해 말과 언어를 사용하는 소설가의 전형적인 사례에 초점을 두어 인간 삶에서 언어와 담화 활동의 형식이 어떤 역할을 하는지를 탐색한다. 이러한 시도에서 그가 특별히 염두에 두는 것은 '타자'의 말, 목소리, 언어가 '자아'에 의해 표현되고 재현되는 과정이다. 이 과정은 분명히 소설가의 주된 과업 중 하나인데, 그 과정에서 소설가는 자신의 작품에 등장하는 상이한 인물들 간의 대화를 구성하고 재현한다. 이를 확장하여 생각해보면, 그 과정은 개개인에게 있어서도 중요한 과업에 해당한다. 왜냐하면 개인이 삶의 이야기의 저자가 되고, 그럼으로써 그 자신의 심리적(그리고 도덕적) 기능을 구체화하고 중재하는 타인의 말, 목소리, 언어를 내면화하기 때문이다(Tappan, 1991). 덧붙여 말하면, 개인이 사고·감정·행동에 대한 권위와 책임을 주장할 수 있는 것은 이러한 내면화와 재현이라는 복잡한 과정을 거쳐 도달한 덕택이다.

이 과정에 대한 바흐친의 논의는 저자의식이 자타 간의 대화 관계에서 생겨난다는 바로 그의 근본적인 주장에서 출발한다. 바흐친은 인간의 존재 양식과 경험에 있어서 근본적인 것에 해당하는 언어와 담화의 형식에 초점을 두면서 '살아있는 언어'는 자아와 타자의 '경계'에 놓여 있으며, '언어에 있어서 말의 절반은 타자의 것이다'라고 주장한다(Bakhtin, 1981, 293). 만일 이 주장이 사실이라면, 개인은 어떻게 타인의 말과 언어를 자신의 말과 언어로 만들 수 있는가?

화자가 어떤 말을 자신의 의미론적이고 표현적인 의도에 적용시키면서 자기 자신의 의도, 강세를 가지고 그 말을 사용하고 전유(專有)할 때, 그 단어는 바로 화자 '자신의 것'이 된다. 이러한 전유의 순간 이전의 말은 중립적이고 비인칭직인 언어로 존재하는 것이 아니라(결국에는 화자 그 자신의 말로 존재하는 것이 아니다!), 타인의 의도가 드러나 있는 타인의 입과 타인의 상황에 존재하는 것이다. 개인이 말을 받아들여야 하고 자기 자신의 것으로 만들어야 하는 이유가 바로 여기에 있다. 모든 말이 이러한 점유와 점령, 그리고 사적 소유물로의 변형에 쉽게 복종하지는 않는다. 많은 말은 완강히 저항하고 또 어떤 말은 이질적으로 남아 있으며, 그 말을 전유하여 직접 말하는 사람의 입에서는 어색한 소리가 나온다. 그 말은 화자의 맥락 속에 동화될 수 없어 떨어져 나오게 된다. 그 말은 마치 화자의 의지에 반대하여 스스로를 인용 표시 안에 넣는 것과 같다. 언어는 화자의 의도에 의해 자유롭고 쉽게 사적 소유물이 되는 중립적인 매체가 아니다. 언어는 타인의 의도와 함께 (과하게) 거주한다. 개인 자신의 의도와 강세에 따르라고 강요하고 빼앗는 것은 어렵고 복잡한 과정이다(Bakhtin, 1981, 293－293).

언어적 전유의 이러한 현상에 대한 간단한 실례로, 앞서 소개한 아이린(Irene)의 인터뷰 이야기뿐만 아니라 이 장의 부록에 실은 에이미(Amy, 가명)의 인터뷰를 숙고해보길 바란다. 아이린과 에이미는 학급 친구이다. 두 사람의 이야기는 굉장히 상이하게 들리지만 어느 대학을 갈 것인지를 선택하는 부분에서 유사한 이야기를 하고 있다. 만약 바흐친의 견해가 틀리지 않다면, 우리는 아이린과 에이미의 인터뷰에서 각기 소리 내고 있는 다양한 목소리를 듣고 발견할 수 있어야 한다. (바흐친은 이 현상을 '복화술'이라고 언급하는데, 그것은 특정한 발언에서 하나의 목소리(또는 목소리의 집합)가 또 다른 목소리를 '통해서' 말하는 것이다

(Wertsch, 1991)). 목소리의 다양성은 에이미의 글에 여실하게 드러나 있는데, 그 글에서 에이미는 그녀의 마음속에서 끊임없이 대화하고 있는 자신의 목소리와 부모님의 목소리를 명확하게 재현한다. 에이미는 말 그대로 부모님의 목소리로(또는 이를 통해서) 말한다. 예를 들어 '부모님은 스스로에게 이렇게 말씀할 거예요. "돈은 우리가 내고, 쟤는 파티를 즐기겠지."' 이와는 대조적으로, 아이린의 글에서는 말하고 있는 서로 다른 목소리가 덜 명확하다. 아이린은 자신과 부모님 간의 대화를 에이미보다 더 잘 재현한다. 즉, 아이린은 자신의 목소리와 부모님의 목소리를 에이미보다 더 분명하게 통합한다. 그렇기는 해도 "부모님은 실망하셨지만, 그 일이 큰 시련이라고 생각하지는 않으셨거든요."라는 아이린의 진술을 통해, 우리는 부모님의 실망에 관하여 아이린이 말하는 부모님의 목소리를 분명하게 들을 수 있다.

따라서 이러한 일련의 내러티브 분석은 궁극적으로 소설과 현실 세계 둘 다에서 '화자', 그리고 그 화자의 담화에 초점을 맞춘다. 타인의 말이 지니는 의미를 이해하고 해석하기 위하여, 우리는 상호 관련을 맺고 있는 다음의 두 가지 질문(그리고 대답)을 해야 한다. 즉 말하는 사람이 명확히 '누구'이고 구체적 상황은 '무엇'인가?(Bakhtin, 1981, 340, 원문 강조 표기) 더욱이 타인의 말이 점차적으로 자신의 말이 되는 어렵고 복잡한 발달 과정을 탐색할 수 있는 것은 바흐친이 서사적 텍스트에서 다름 아닌 말하고 있는 인간 존재에 명확하게 주목하고 있다는 데 있다.

바흐친에게 있어서 이 점은 '이념 형성'의 과정에 해당하는 것을 수반한다. 그에 따르면, 화자는 항상 어느 정도는 '특정 이념의 창도자'이다. 왜냐하면 언어는 항상 '사회적 의미를 얻으려고 노력하면서 세상을 바라보는 특별한 방식'이기 때문이다(Bakhtin, 1981, 333). 그러므로 개인의 도덕적 관점 또는 도덕적 정향(正向)은 언어에 의해 구체화되고 재현되는 것으로, 자아가 갖게 되는 이념의 핵심적인 측면이다. (러시아어로 '이념'(ideology)에 해당하는 말은 영어에서 이 말이 실어 나르는 정치적 함축의 의미가 없는 단순한 '관념 체계'(idea system)를 가리킨다는 점을 알아두기 바란다(Holquist and Emerson, 1981, 429)). 결과적으로 개인의 도덕적 관점(그럼으로써 그 개인의 도덕성 발달)의 형성 문제, 특히 개인이 그 관점의 저자되기를 수행하고 그 관점에 대한 권위와 책임을 주장하게 된다는 점을 이해하기 위해서는 반드시 개인이 타인의 말, 담화의 형식, 언어를 전유함에 따른 과정이라는 사실을 고려해야만 한다. '인간 존재의 이념 형성, 즉 도덕성 발달은 타인의 말을 선별적으로 동화하는 과정이다'(Bakhtin, 1981, 341).

타인의 말을 선별적으로 동화하는 과정은 이념 형성, 즉 도덕성 발달 과정의 핵심이다. 왜냐하면 말과 담화의 형식은 정신 기능을 형성하고 중재하기 때문이다(Tappan, 1991; Vygotsky, 1962, 1978; Wertsch, 1985, 1989, 1991). 하지만 이 경우 타인의 담화는 단순히 정보, 지시, 규칙, 본보기로서만 기능하는 것이 아니라 오히려 '우리 행동의 가장 기본이 되는, 우리가 함께하는 세계의 이념적 상호 관계의 중요한 토대를 결정한다'(Bakhtin, 1981, 342). 바흐친은 개인이 타인의 말을 내면화하고 동화하는 과정에 관한 논의에서 두 가지 담화의 형식, 즉 '권위주의적 담화'와 '내면적으로 설득력 있는 담화'를 구분한다. 이 두 가지 담화의 유형 또는 말하는 방식 간의 구분은 자신이 말하는 바, 그럼으로써 자신이 행동하는 바에 대해 권위와 책임을 주장하는 정도에 의거한다. 또한 이 구분은 아이들이 학교에서 텍스트를 배우기 위해 질문하는 방식의 차이와 유사하다. '학교에서 말로 훈육이 이루어질 때, 타인의 말을 전유하고 (동시에) 전달하는 데 인정되는 두 가지 기본 방식이 있다. (…) 그것은 '외워서 말하기'와 '자신의 말로 다시 말하기'이다(Bakhtin, 1981, 341).

타인의 말을 '외워서' 말할 때, 그것은 권위주의적 담화로 기능한다. 권위주의적 담화는 우리가 그것을 인정할 것을 요구하고 그것을 우리 자신의 것으로 만들 것을 요구한다. "우리는 권위주의적 담화를 접할 때 그것에 존재하는 권위를 함께 접하게 된다"(Bakhtin, 1981, 342). 바흐친은 "권위주의적 담화가 이끌어내려고 하는 것은 말 그 자체의 자유로운 전유와 동화가 아니라 오히려 우리에게 무조건적인 충성을 요구한다"고 주장한다(Bakhtin, 1981, 343). 권위주의적 담화는 다른 것과 거리를 두고 있고, 변화되거나 바뀔 수 없으며, 의심받으려 하지 않는다. 그러므로 권위주의적 담화에는 진실한 대화가 없을 뿐만 아니라 무언가 틀을 짜는 데 있어 요청되는 맥락이라는 것을 고려하지 않는다(Emerson, 1986). 달리 말하면, 권위주의적 담화는 흠잡을 데 없고 의심받지 않는 권위를 지니고 있다.

권위주의적인 말은 계층적 수준이 심하다고 느꼈던 과거와 유기적으로 연결된 것으로 멀리 떨어진 영역에 위치하고 있다. 말하자면, 권위주의적인 말은 아빠의 말(어른의 말, 선생님의 말 등)이다. 그것들의 권위는 이미 과거에 인정받았다. 권위주의적인 말은 '앞선' 담화이다. 그러므로 서로 동등한 가치를 지니는 여타의 가능한 담화들 중에서의 선택의 문제가 아니다. 그것은 친숙한 접촉에서가 아니라 높은 지위에서 주어진 것이다. 그 언어는 특별한 언어라서 자칫 남용될 수 있다. 그것은 금기, 즉 함부로 들먹여서는 안 되는 이름과 유사하다 (Bakhtin, 1981, 342, 원문 강조 표기).

이와는 대조적으로, 타인의 말을 '자신의 말로 다시 말할 때', 그 말은 내면적으로 설득력을 얻게 된다. 내면적으로 설득력 있는 담화는 권위주의적 담화보다 훨씬 열려 있고 융통성이 있으며 역동적이다. 타인의 말을 내면화할 때 그 말은 자신의 것이 되거나 가능한 한 자신의 것에 가깝게 된다. 그러므로 내면적으로 설득력 있는 담화로 말할 때 개인은 본질상 그 말의 '창작자' 또는 '저자'가 되는 것이다.

내면적으로 설득력 있는 담화는—외면적으로 권위주의적인 담화와 반대로—동화를 통해 확인되기 때문에 '개인 자신의 말'과 밀접하게 얽혀 있다. 일상 속 우리의 의식에서 내면적으로 설득력 있는 말의 반은 우리의 것이고 나머지 반은 누군가의 것이다. 내면적으로 설득력 있는 담화의 창작성과 생산성은 정확하게 그러한 말이 새롭고 독립적인 말이라는 사실을 깨닫게 하고, 내부로부터 다수의 우리의 말을 체계화하며, 고립되고 정적인 상태로 남아있지 않게 한다. 그러한 담화는 우리에 의하여 더 많이 해석된다기보다는 자유롭게 발전되며 새로운 소재와 상황에 적용된다. 그러한 담화는 새로운 맥락과 상호 간 생기를 불어넣는 관계를 맺는다. 더 나아가 다른 내면적으로 설득력 있는 담화와 '고투(苦鬪)하는' 강렬한 상호작용을 맺는다. 우리의 이념 형성은 바로 다양하게 이용할 수 있는 동사적이고 이념적인 관점, 접근, 방향, 가치 사이에서 주도권을 위한 우리 내면의 강렬한 고투이다(Bakhtin, 1981, 345 – 346).

따라서 개인의 사고·감정·행동에 권위와 책임을 주장하는 것과 개인 자신의 도덕적 관점에 권위를 부여하는 것은 근본적으로 외견상 권위적이지 않은 방식, 즉 내면적으로 설득력 있는 방식에 입각하여 말하는(그리고 행동하는) 것을 의미한다. 게다가 이러한 구분은 인터뷰 텍스트를 이해하는 데 도움을 제공한다. 화자가 주로 권위주의적 담화로 말하는 텍스트와 화자가 주로 내면적으로 설득력 있는 담화로 말하는 텍스트 간의 구분이 가능하기 때문이다. 이러한 해석에 대한 간단한 실례로 아이린과 에이미의 인터뷰 내용을 다시 살펴볼 필요가 있다.

　　아이린은 좀 더 내면적으로 설득력 있는 방식에 입각하여 말하는 반면에, 에이미는 좀 더 권위주의적 방식에 입각하여 말한다. 에이미는 부모님이 말씀하는 목소리와 그녀의 삶에 있어서의 외재적 권위를 이야기로 재현한다. 그리고 에이미는 부모님이 "저보다 잘 아세요."라고 분명하게 말한다. 게다가 부모님이 반대하는 목소리("돈은 우리가 내고, 쟤는 파티를 즐기겠지.")를 복화술을 통해 말함으로써, 에이미는 자신과 근본적으로 의심할 수 없는 권위를 가지고 있는 부모님 간에 존재하는 진정한 대화의 부족을 예증(例證)한다. 이와는 대조적으로 아이린은 대학을 선택하는 데 있어서 자신의 권위를 분명하게 주장하고, 그녀가 부모님의 목소리를 재현하는 동안 부모님의 말이 그녀의 말과 잘 뒤섞여 있다. 그렇기 때문에 그녀는 궁극적으로 자신의 말, 자신의 목소리를 사용하고 내면적으로 설득력 있는 방식에 입각하여 분명히 말하고 있다. "저는 당신 스스로 결정해야 한다고 생각합니다. 그것이 좋은 결정이든 나쁜 결정이든 간에, 저는 당신 스스로를 위해 결정해야 한다고 생각합니다."

결국 아이린과 같은 사람이 근본적인 차원에서 내면적으로 설득력 있는 방식으로 말하는 능력을 어떻게 계발했는가 하는 질문을 제기하는 것이 중요하다. 즉 그녀 또는 누군가에게 자신의 도덕적 사고 · 감정 · 행동에 대한 권위를 주장하는 능력을 발달시키는 방법은 무엇인가? 이는 본질적으로 도덕성 발달의 과정, 구체적으로는 도덕적 권위와 책임의 발달 과정에서의 언어와 담화의 역할에 관한 질문에 해당한다.

바흐친은 이 질문에 답하는 과정에서 잘 알려져 있는 분화와 통합의 발달 과정(Werner and Kaplan, 1956)을 인용하고 있는데, 이는 도덕적 권위의 획득이 반드시 공유된 사회적 맥락에서 발생할 뿐만 아니라, 많은 상이한 말 · 목소리 · 담화의 형식에 의해 중재된다는 자신의 관점을 예증하기 위해서이다. 따라서 바흐친에게 있어서 도덕성 발달은 타자의 목소리와 부단히 대화하면서 점차적으로 자신의 목소리에 대한 권한을 주장함으로써 권위에 이르는 과정을 수반한다. '의식은 그것을 둘러싸고 있는, 그리고 의식 그 자체와 분리될 수 없는 낯선 담화의 세계에서 독자적인 이념의 삶을 분명하게 일깨운다. 자아와 타자 간의 담화, 자아와 타자 간의 생각을 구분하는 과정은 오히려 발달의 과정에서 늦게 나타난다. 사고가 독립적이고 실험적이며 구분하는 방식으로 작동하기 시작하면서 가장 먼저 발생하는 것은, 우리에게 중요하지 않고 와닿지 않는 담화 덩어리의 거부에 의한, 내면적으로 설득력 있는 담화와 권위주의적이고 강요된 담화 간의 분리이다'(Bakhtin, 1981, 343).

따라서 발달을 이끄는 힘은 분명히 사람 간의 대화와 내면의 대화를 공히 포함하는 '대화'의 경험이다. 대화는 때때로 즐겁고 어렵지 않으나 때로는 갈등과 고투(苦鬪)가 발생하여 많은 어려움에 처하기도 한다. '이념에 대한 의식에 이르는 인간 역사에서 자아가 타자의 담화와 고투하는 것은 매우 중요한 일이다. 자아의 담화와 목소리는 비록 타자로부터 유래되거나 타자를 통해 역동적으로 자극받지만, 머지않아 타자의 담화가 지니고 있는 권위로부터 자아를 자유롭게 만들기 시작할 것이다. 이 문제는, 자아를 둘러싸고 있는 사회 현실에서 자아가 다른 목소리와 고투하는 것과 마찬가지로, 다양한 낯선 목소리들이 자아의 의식 내에 영향을 주기 위한 고투에 개입한다는 사실에 의해 더욱 복잡하게 작용한다'(Bakhtin, 1981, 348).

이는 분명히 에이미가 부모님과의 대화에서 어떤 대학에 진학해야 하느냐를 결정하려는 시도와 관련 있는 일련의 고투에 해당한다. 하지만 에이미는 부모님의 담화가 지니고 있는 권위로부터 자신을 자유롭게 하지 못하였다. 그 결과로 그녀는 가끔 자신의 목소리처럼 말하기는 하지만("저는 이 대학에 가고 싶어요. (…) 저는 여기에서 더 행복할 것이라고 스스로 생각해요."), 결국 그녀는 부모님의 권위에 순응한다("부모님이 저보다 더 잘 아시는 것 같아요."). 또한 우리는 아이린이 대학 선택의 문제에 있어서 위와 유사한 부모님과의 고투, 그리고 대화와 관계하고 있는 증거를 가지고 있다. 하지만 에이미와는 대조적으로, 아이린은 자신의 권위에 대한 뚜렷한 관념을 가진 것으로 보인다("가끔은 그냥 자신만을 위한 생각을 가져야 합니다."). 그리고 아이린은 자신감 있게 직접적으로 자신의 목소리로 표현한다("저는 스스로 저 자신을 형성해야 할 의무가 있었어요."). 결과적으로 이상의 고찰에서 다소간 드러난 관점에 비추어 볼 때, 아이린은 에이미보다 훨씬 발달된 도덕적 권위에 대한 관념, 즉 도덕적 권위감(權威感)을 가지고 있다.

요컨대 도덕 발달의 과정과 내면적으로 설득력 있는 담화의 형식에 입각한 대화를 통한 도덕적 권위와 책임의 출현 과정에 관한 바흐친의 견해는 청소년기의 도덕적 권위의 발달에 대한 특별한 관점을 제공한다. 그것은 소설가가 자신의 서사를 만들고 등장인물 간의 지속적인 대화를 구성하는 방식과, 자아가 타자의 말을 내면화하기 위해 고투한 결과로 (특히 자신의 도덕적 이야기에 있어서) 자신의 목소리로 생활하고 말하는 방식 간에 존재하는 유사점이 두드러지게 나타난다는 것이다. 그 결과로 바흐친은 사실상 도덕성에 관한 연구와 도덕성 발달에 관한 조사에 있어서의 핵심 요인으로 화자, 즉 '저자'를 고려할 것을 중요하게 지적하고 있다. 그 이유는 사실상 도덕·윤리·법에 관한 탐구와 평가에 관한 모든 범주─양심('양심의 목소리', '내면의 말'), 뉘우침(구속 없는 편안한 마음에서의 자백, 스스로가 저지른 악행에 대한 진술), 진실과 거짓, 책임과 무책임, 투표할 권리 등등(Bakhtin, 1981, 349)─가 어떤 방식으로든지 화자로서의 저자와 그의 담화와 관련을 맺고 있기 때문이다. 사실상 이 관점은 화자와 도덕적 행동 간의 연관성을 제안한다는 점에서, 특히 정치적인 무대에서 화자가 행동하는 정도를 가리킨다(Arendt, 1958, 26). 어떻게 개인이 내면적으로 설득력 있는 담화라고 불리는 바흐친이 강조하는 바를 말하고, 그럼으로써 어떻게 도덕적 사고·감정·행동에 대한 권위와 책임을 맡게 되는지를 이해하기 위해서는 도덕적 권위감을 주장하는 도덕성 발달의 목적을 향한 내러티브 접근을 주요한 관심사로 해야 한다. '독립적이고 책임 있는 능동적 담화는 윤리적·법적·정치적 인간 존재가 되기 위한 근본적인 방향 지시에 해당한다'(Arendt, 1958, 349-350).

결론

이제 나는 내러티브, 저자의식, 도덕적 권위의 발달 간의 가장 중요한 연관성 문제에 대해 고찰한 내용을 간단히 요약하고, 교육에서 이러한 연관성이 지니는 함의에 대한 몇 가지 생각—구체적으로 아동과 청소년이 그들의 도덕적 사고·감정·행동에 권위와 책임을 주장하도록 격려할 수 있는 교육—을 제공하는 것으로 결론을 맺고자 한다. 저자의식과 권위는 내러티브를 통해 그 자체로 표현될 뿐만 아니라 내러티브를 통해 발달하기도 한다. 즉 (아이린과 같은) 개인이 실제 삶에서 겪는 도덕적 경험을 이야기로 표현할 수 있도록 권한을 부여하고 격려할 때, 다음 두 가지와 관련된 일이 일어난다. 첫째로 내러티브를 구성한다는 것은 필수적으로 특별히 도덕적 관점에 기반을 두고 도덕적으로 해석하는 활동을 수반하기 때문에, 도덕적 이야기를 말하는 것은 그 말하는 사람으로 하여금 저자의식과 권위를 표현할 수 있는 기회를 제공해준다. 둘째로 도덕적 이야기를 말하는 것은 필수적으로 이야기된 경험을 통해 성찰이 이루어질 수 있도록 함으로써, 자아가 단순히 질문의 사건들을 나열하거나 기술할 수 있는 가능성을 넘어 자신의 경험—자신의 사고·감정·행동에 대해 권위를 주장하고 책임 있는 태도를 취할 수 있도록 하는 일—으로부터 배울 수 있도록 격려해준다. 결론적으로 저자의식과 권위는 자신의 도덕적 이야기를 말하는 기회를 통해 표현되고 발달되는 것이다.

그러나 도덕적 스토리의 저작 행위는 결코 고립된 상황에서 일어나지 않는다. 그러한 행동은 항상 타인의 말과 함께 일어나는 끊임없는 대화적 상황, 말하자면 관계적이고 사회·문화적인 맥락에서 발생한다. 개인에게 있어 타인의 말은 삶을 살아가는 과정에서 동화되고 내면화되며 점차적으로 자신의 목소리가 생겨남으로써 사고·감정·행동에 대한 권위와 책임을 주장하게 된다. 개인에게서 이러한 주장이 표출되기 위해서는 외면적으로 권위주의적인 방식이 아니라, 타인의 말이 함께 하는 상황에서 자신의 이야기를 말하는 내면적으로 설득력 있는 방식으로 표현되어야 한다. 하지만 심지어 그러한 권위와 독립성이 성취되었다 할지라도, 그 권위와 독립성은 독자적으로 고립되어 '세상에 홀로 서 있는' 자율성의 상태에서 구성되지 않는다. 오히려 권위와 독립성—'도덕적 자율성'의 용어보다는 '도덕적 권위'의 용어에 의해 더 분명히 담아내는 권위와 독립성—은 대화와 관계의 맥락에서 이해되어야 한다.

말할 필요도 없이, 이 장에서 고찰한 자아의 도덕적 권위감은 약점을 가지고 있다. 우리는 아돌프 히틀러(Adolph Hitler)가 그 자신을 위해 목적을 향한 잠재적 위험성을 보여준 일련의 행동을 도덕적 권위와 관련하여 고려해 볼 필요가 있다. 이 장에서 이 문제를 상세히 고찰할 수는 없다. 그러나 이상의 논의에서 알 수 있듯이, 저자의식과 권위는 반드시 동정심과 존경심을 공히 불러일으키는 자아와 타자 간의 진정한 대화 속에서 구성되어야 한다. 권위와 책임이 지니는 대화적·관계적 개념에 대한 나의 논의는 일방적이고 전체주의적이며 억압적인 권위의 남용을 비판할 수 있는 방법을 제공한다.

도덕성 발달의 내러티브 접근이 지니는 교육적 함의와 관련하여, 나는 저자의식의 발달을 촉진하는 데 관심 있는 교사와 교육자가 학생들의 도덕적 이야기를 그들 자신의 도덕적 목소리로 말하고, 이를 통해 그들 자신의 도덕적 관점과 경험에 권한을 부여하는 기회를 제공할 것을 제안한다(Tappan and Brown, 1989). 이러한 기회는 학생들이 저자되기의 과정을 통해 자신의 권위와 책임을 표현하고 향상할 수 있도록 도움을 제공한다. 학생이 내러티브를 통해 도덕적 경험에 대한 인지적·정서적·능동적 차원을 표현함으로써, 학생들은 자신의 도덕적 관점으로부터 자신의 경험을 되돌아볼 수 있는 용기를 갖게 된다. 이 과정은 보다 향상된 권위감과 그 관점을 대표하는 권위화로 이끌 뿐만 아니라, 보다 향상된 책임감이 행동으로 나타날 수 있도록 이끈다. 그러므로 교사는 그러한 이야기에 귀를 기울이고 존중하며 반응을 보임으로써 개개의 학생에게서 권위와 자기 권위감이 출현할 수 있도록 지지와 격려를 아끼지 않아야 한다.

　더욱이 교사는 학생들이 타인의 말과 함께 고투하기 위해 대화에 참여할 수 있는 다양한 기회를 제공해야 한다. 이러한 형태의 이벤트는 공개적이고 공적인 논쟁·갈등·의견 충돌을 일으킬 수 있지만, 다른 사람이 무엇을 생각하고 느끼며 말하는지를 잘 '경청하고' 잘 이해하기 위해 노력하는 방법을 제공할 수 있다. 바흐친은 "자아 스스로의 담화와 목소리는 비록 타자에게서 유래되거나 타자에 의해 역동적으로 자극받기는 하지만, 머지않아 타자의 담화가 지니고 있는 권위로부터 자아를 자유롭게 만들기 시작할 것이다."라고 말하고 있다. 나 또한 학생의 사고·감정·행동에 대한 권위를 주장하고 자신의 목소리에 권위를 가질 것을 격려하는 데 관심 있는 교사들이, 말과 글로 공히 표현된 학생의 텍스트가 재현하는 상이한 권위의 목소리에 경청할 수 있고 또 그것을 해석할 수 있어야만 한다고 제안한다. 그 목소리들의 정체성을 확인할 수 있는 능력과 권위주의적 담화와 내면적으로 설득력 있는 담화를 구분할 수 있는 능력은, 내면적으로 설득력 있는 담화의 맥락에서 목소리, 권위, 자기권위화(자권위화), 책임이 점차적으로 출현하는 것을 지원하기 위한, 교사에게 요구되는 기본적인 역량이다.

결국 교사와 학생은 현재와 다가올 미래 세상에 대한 권위와 책임을 공동으로 떠맡는 자세를 가져야 한다. 아렌트는 교육 서약에서 다음과 같이 말하고 있다. "우리가 아이들을 우리 세상으로부터 추방하지 않고, 그들의 욕망대로 살도록 내버려 두지 않으며, 우리가 미처 생각하지 못했다고 하여 아이들에게서 무언가 새로운 것을 착수할 기회를 앗아가지 않아야 한다. 오히려 미리 아이들을 위해 공동 세계를 새롭게 하는 것에 대한 과제를 준비하는 것은 우리가 결정하는 것이다"(Arendt, 1968, 196). 그렇기 때문에 교사와 학생 간의 관계, 진전을 이루는 대화, 학생들과 세상을 위한 권위와 책임은 서서히 이루어져야 한다.

📝 부록: 에이미(Amy, 17살)의 인터뷰 이야기

에이미: 저는 현재 어느 대학에 갈 것인지 중요한 결정을 앞두고 있어요. 제가 지원한 한 학교는 크고 파티 스쿨 같은 곳이라서 재미있을 것 같아요. 그리고 다른 한 학교는 작고 훌륭한 학교이지만 사회적 생활은 그만큼 좋진 않아요. 저의 마음 한편에서는 "파티에 가자, 파티, 파티"라고 외치고, 다른 한편에서는 "안 돼, 부모님이 너 좋은 교육 받으라고 돈을 다 내주시고 있잖아."라고 말해요. 그리고 부모님은 제가 좋은 교육을 받기를 강요하고 계시는 반면, 저는 조금은 재미있게 지내고 싶다고 말씀드리며 갈등을 겪고 있어요. 결국에는 제가 부모님이 원하는 대로 결정할 것이라는 걸 스스로 알고 있어요. 왜냐하면 부모님이 돈을 내주시고 부모님은 이게 제 결정이라고 말씀하시지만, 이건 마치 제 마음 안의 어디에서 "너는 부모님을 행복하게 해드려야 하고 네 부모님이 원하는 것을 해야 돼. 부모님은 네가 좋은 교육을 받을 수 있도록 모든 돈을 지원해 주시니, 너는 부모님이 바라는 것을 해야 돼."라고 말하는 것 같아요. 저는 무엇을 할지에 대해 몇 달 동안 고민하는 중이고, 지금까지도 결론을 못 내렸어요. 저는 정말이지 결정을 잘 못 내리는 편이어서 스스로 결정할 가능성이 아주 낮아요. 저의 내면 한편에서는 이렇게 하라고 하고 다른 한편에서는 저렇게 하라고 말하기 때문이죠.

질문자: 이 상황에서 에이미에게 갈등이 되는 것은 무엇인가요?

에이미: 저는 이걸 하고 싶은데 부모님은 제가 다른 걸 하길 원한다는 거죠. 그리고 제가 만약에 이 대학에 가고 싶다고 말하면, 부모님은 "그래."라고 말씀하겠지만, 저는 부모님이 저 스스로 그 대학을 선택했다는 것에 화를 내실 거라는 걸 속으로 알고 있어요. 그리고 저는 부모님이 "돈은 우리가 내고, 쟤는 파티를 즐기겠지."라고 마음속으로 말씀하실 걸 알아요. 그리고 부모님이 행복하지 않을 거라는 것도 잘 알고요. 이건 제가 행복하기를 원하는 건지 아니면 부모님을 행복하게 해드리고 싶은 것인지의 문제예요. 저도 행복할 거라고 확신해요. 왜냐하면 저는 지금 굉장히 행복하고 어디에 가든지 적응하는 데 문제는 없거든요. 그렇지만 한편으로는 스스로 여기에서 더 행복할 거라고 생각하는데, 또 어디에 가든지 행복할 거라는 생각도 해요. 그렇다면 저는 부모님이 원하는 대로 가야 하는 걸까요? (…) 저는 항상 부모님을 만족시켜 드리는 것에 대한 걱정이 있어요.

질문자: 그것에 대해 조금 더 얘기해 줄 수 있어요?

에이미: 그러니까 만약 부모님이 저를 지지해 주신다면 왠지 저는 부모님을 실망시켜 드린다고 느낄 것 같아요. 저는 항상 부모님의 의견을 따르려고 노력해야 하고 부모님이 옳다고 생각하는 것을 해야 해요. 왜냐하면 아시다시피 부모님이 항상 저를 도와주고 계시고, 저는 부모님이 저 자신보다 저를 더 잘 알고 있는 것처럼 생각하거든요. 부모님은 친구분들과 여러 학교에 관한 이야기를 주고받기 때문에 아마도 저보다도 더 잘 아신다는 것을 느끼고 있고, 어느 순간 '어차피 부모님의 말씀이 맞는데 왜 싸우고 있지?'라는 생각에 이르게 돼요.

📖 참고문헌

Alter, R. *The Art of Biblical Narrative*. New York: Basic Books, 1981.

Arendt, H. *The Human Condition*. Chicago: University of Chicago Press, 1958.

Arendt, H. *Between Past and Future*. New York: Penguin Books, 1968.

Bakhtin, M. M. *The Dialogic Imagination*. (C. Emerson and M. Holquist, trans.) Austin: University of Texas Press, 1981.

Bakhtin, M. M. *Speech Genres and Other Late Essays*. (V. McGee, trans.) Austin: University of Texas Press, 1986.

Bakhtin, M. M. *Art and Answerability: Early Philosophical Essays*. (V. Liapunov, trans.) Austin: University of Texas Press, 1990.

Benhabib, S. "The Generalized and the Concrete Other: The Kohlberg—Gilligan Controversy and Feminist Theory." In S. Benhabib and D. Cornell (eds.), *Feminism as Critique*. Minneapolis: University of Minnesota Press, 1987.

Blasi, A. "Moral Identity: Its Role in Moral Functioning." In W. Kurtines and J. Gewirtz (eds.), *Morality, Moral Behavior, and Moral Development*. New York: Wiley, 1984.

Blasi, A. "The Moral Personality: Reflections for Social Science and Education." In M. Berkowitz and F. Oser (eds.), *Moral*

Education: Theory and Application. Hills－dale, N. J.: Erlbaum, 1985.

Blum, L. "Particularity and Responsiveness." In J. Kagan and S. Lamb (eds.), *The Emergence of Morality in Young Children*. Chicago: University of Chicago Press, 1987.

Brown, L. M. "A Problem of Vision: The Development of Voice and Relational Knowledge in Girls Ages 7 to 16." *Women's Studies Quarterly*, in press a.

Brown, L. M. "Telling a Girl's Life: Self－Authorization as a Form of Resistance." *Women and Therapy*, in press b.

Bruner, J. *Actual Minds, Possible Worlds*. Cambridge, Mass.: Harvard University Press, 1986.

Bruner, J. *Acts of Meaning*. Cambridge, Mass.: Harvard University Press, 1990.

Burke, K. *A Grammar of Motives*. Berkeley and Los Angeles: University of California Press, 1969.

Clark, K., and Holquist, M. *Mikhail Bakhtin*. Cambridge, Mass.: Harvard University Press, 1984.

Darley, J., and Latane, B. "Bystander Intervention in Emergencies: Diffusion of Responsibility." *Journal of Personality and Social Psychology*, 1968, 10, 202－214.

Emerson, C. "The Outer Word and Inner Speech: Bakhtin, Vygotsky, and the Internalization of Language." In G. Morson (ed.), *Bakhtin: Essays and Dialogues on His Work*. Chicago:

University of Chicago Press, 1986.

Gergen, K., and Gergen, M. "Narrative Form and the Construction of Psychological Science." In T. Sarbin (ed.), *Narrative Psychology: The Storied Nature of Human Conduct*. New York: Praeger, 1986.

Gilligan, C. *In a Different Voice: Psychological Theory and Women's Development*. Cambridge, Mass.: Harvard University Press, 1982.

Gilligan, C., Brown, L. M., and Rogers, A. "Psyche Embedded: A Place for Body, Relationships, and Culture in Personality Theory." In A. Rabin, R. Zucker, R. Emmons, and S. Frank (eds.), *Studying Persons and Lives*. New York: Springer, 1990.

Hanson, M. "Developmental Concepts of Voice in Case Studies of College Students: The Owned Voice and Authoring." Unpublished doctoral dissertation, Graduate School of Education, Harvard University, 1986.

Heidegger, M. *Being and Time*. (J. Macquarrie and E. Robinson, trans.) New York: Harper & Row, 1962. (Originally published 1927.)

Holquist, M. "Answering as Authoring: Mikhail Bakhtin's Trans—Linguistics." In G. Morson (ed.), *Bakhtin: Essays and Dialogues on His Work*. Chicago: University of Chicago Press, 1986.

Holquist, M. "Introduction: The Architectonics of Answerability." In M. M. Bakhtin, *Art and Answerability: Early Philosophical Essays*. Austin: University of Texas Press, 1990.

Holquist, M., and Emerson, C. "Glossary." In M. M. Bakhtin, *The Dialogic Imagination*. Austin: University of Texas Press, 1981.

Jones, K. "On Authority: Or, Why Women Are Not Entitled to Speak." In I. Diamond and L. Quinby (eds.), *Feminism and Foucault: Reflections on Resistance*. Boston: Northeastern University Press, 1988.

Kant, I. "Groundwork of the Metaphysics of Morals." In H. Paton(ed.), *The Moral Law*. London: Hutchison, 1948. (Originally published 1785)

Kaplan, B. "A Trio of Trials." In R. Lerner (ed.), *Developmental Psychology: Historical and Philosophical Perspectives*. Hillsdale, N. J.: Erlbaum, 1983.

Kaplan, B. "Value Presuppositions in Theories of Human Development" In L. Cirillo and S. Wapner (eds.), *Value Presuppositions in Theories of Human Development*. Hilsdale, N. J.: Erlbaum, 1986.

Kohlberg, L. *Essays on Moral Development. Vol. 1: The Philosophy of Moral Development*. New York: Harper & Row, 1984.

Kohlberg, L. *Essays on Moral Development. Vol. 2: The Psychology of Moral Development*. New York: Harper & Row, 1984.

Kozulin, A. "Life as Authoring: The Humanistic Tradition in Russian Psychology." Unpublished manuscript, Boston University, 1988.

Maclntyre, A. *After Virtue: A Study in Moral Theory*. South Bend, Ind.: University of Notre Dame Press, 1981.

Milgram, S. *Obedience to Authority*. New York: Harper & Row, 1974.

Niebuhr, H. R. *The Responsible Self*. New York: Harper & Row, 1978.

Oliner, S., and Oliner, P. *The Altruistic Personality: Rescuers of Jews in Nazi Europe*. New York: Free Press, 1988.

Piaget, J. *The Moral Judgment of the Child*. New York: Free Press, 1965. (Originally published 1932.)

Polkinghorne, D. *Narrative Knowing and the Human Sciences*. Albany: State University of New York Press, 1988.

Ricoeur, P. "The Narrative Function." In P. Ricoeur, *Hermeneutics and the Human Sciences*. (J. Thompson, trans.) Cambridge, England: Cambridge University Press, 1981.

Sandel, M. *Liberalism and the Limits of Justice*. Cambridge, England: Cambridge University Press, 1982.

Sarbin, I. "The Narrative as a Root Metaphor for Psychology." In T. Sarbin (ed.), *Narrative Psychology: The Storied Nature of Human Conduct*. New York: Praeger, 1986.

Tappan, M. B. "Hermeneutics and Moral Development: Interpreting Narrative Representations of Moral Experience." *Developmental Review*, 1990, 10, 239–265.

Tappan, M. B. "Texts and Contexts: Language, Culture, and the Development of Moral Functioning." In L. T. Winegar and J. Valsiner (eds.), *Children's Development Within Social Contexts: Metatheoretical, Theoretical, and Methodological Issues*. Hillsdale, N. J.: Erlbaum, 1991.

Tappan, M. B., and Brown, L. M. "Stories Told and Lessons Learned: Toward a Narrative Approach to Moral Development and Moral Education." *Harvard Educational Review*, 1989, 59, 182—205.

Tappan, M. B., Kohlberg, L., Schrader, D., and Higgins, A. "Heteronomy and Autonomy in Moral Development: Two Types of Moral Judgments." In A. Colby and L. Kohlberg (eds.), *The Measurement of Moral Judgment*. Vol. 1. New York: Cambridge University Press, 1987.

Vološinov, V, N. *Marxism and the Philosophy of Language*. (L. Matejka and I. Titunik, trans.) Cambridge, Mass.: Harvard University Press, 1986. (Originally published 1929.)

Vygotsky, L. *Thought and Language*. (E. Hanfmann and G. Vakar, eds. and trans.) Cambridge, Mass.: MIT Press, 1962. (Originally published 1934.)

Vygotsky, L. Mind in Society: *The Development of Higher Psychological Processes*. (M. Cole, V. John—Steiner, S, Scribner, and E. Souberman, eds.) Cambridge, Mass.: Harvard University Press, 1978.

Werner, H., and Kaplan, B. "The Developmental Approach to Cognition: Its Relevance to the Psychological Interpretation of Anthropological and Ethnolinguistic Data." *American Anthropologist*, 1956, 58, 866—880. University Press, 1985.

Wertsch, J. V. *Vygotsky and the Social Formation of Mind*. Cambridge,

Mass.: Harvard University Press, 1985.

Wertsch, J. V. "A Sociocultural Approach to Mind." In W. Damon (ed.), *Child Development Today and Tomorrow*. San Francisco: Jossey – Bass, 1989.

Wertsch, J. V. *Voices of the Mind: A Sociocultural Approach to Mediated Action*. Cambridge, Mass.: Harvard University Press, 1991.

White, H. "The Value of Narrativity in the Representation of Reality." In W. Mitchell(ed.), *On Narrative*. Chicago: University of Chicago Press, 1981.

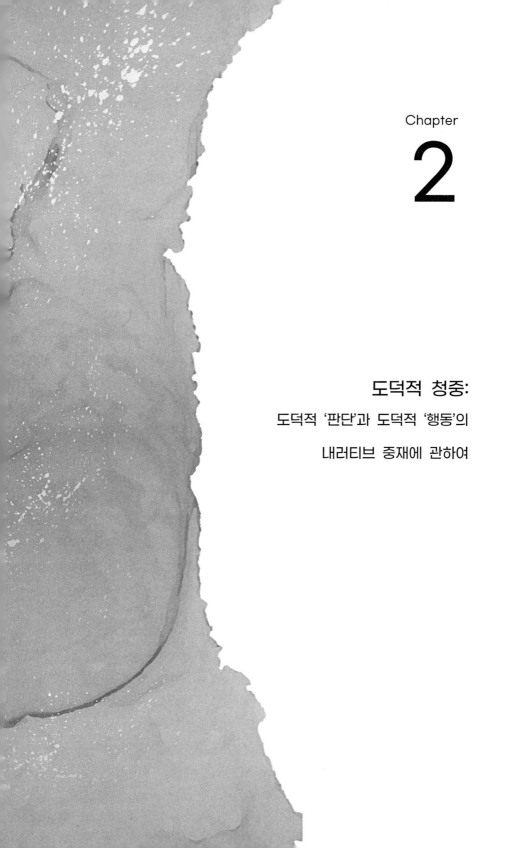

Chapter

2

도덕적 청중:
도덕적 '판단'과 도덕적 '행동'의
내러티브 중재에 관하여

도덕적 삶은 뚜렷하게 이야기된 것이고 또 자연스럽게 공연되는 것이기 때문에, 도덕적 청중 현상은 도덕적 판단과 도덕적 행위의 간의 서사적 연결을 제공한다.

James M. Day | Catholic University of Louvain

　이 장에서 나는 도덕적 이야기에 그 이야기를 듣는 청중의 기능이 존재하는 것과 마찬가지로, 도덕적 행동에는 그 행동을 들여다보는 청중의 기능이 존재한다고 주장하고자 한다. 따라서 나는 도덕성 발달 연구의 두 핵심 개념인 도덕적 '판단'과 도덕적 '행동'이, 도덕적 추론 또는 정서·집단 압력·관계성과 같은 당면한 도덕적 행동 상황에 의해 중재되는 것과 같이, 도덕적 화자와 도덕적 행위자에 의해 시연되고 검토되며 재정의되는 서사적 구조에 의해 상당한 정도로 중재된다는 점을 제안하고자 한다. 도덕적 '판단'이란 도덕적 딜레마에 직면하여 옳고 그름에 관한 결정을 내릴 때 인간이 활용하는 도덕적 숙고의 의식적 특징을 의미한다. 도덕적 '행동'은 그러한 딜레마의 극복에 참여하는 행위이다. 이 장에서 나는 판단과 행동이라는 용어에 의도적으로 따옴표를 사용하고 있다. 그 이유는 내러티브 접근, 그리고 그 부분을 이루고 있는 연구 결과 및 해석은 도덕심리학 문헌, 특히 도덕성 발달이라는 연구 분야에 속하는 대부분의 연구에서 사용되는 용어와 방법의 유용성 문제를 재고할 필요가 있다는 나의 직감 때문이다.

앞서 언급한 제안은 도덕적 행동에 관한 설명을 요청받은 연구 참가자들이 이야기라는 매개를 통해 그에 관한 설명을 여실하게 보여줌으로써 나에게 깊은 인상을 남긴 여러 연구 결과에서 비롯되었다. 이하 본론에 등장하는 이야기에는 서로 관련을 맺고 있는 정보의 유사성, 또는 그러한 정보로 인한 필연적 결과 이상이 담겨 있다. 이 이야기들에는 참가자들에 의해 생성된 의미의 핵심적인 특징, 관찰되고 기록되어 온 행동의 결정적 요소 그리고 행동에 관한 '텍스트'와 개인 간의 만남을 통하여 이루어질 수 있는 '읽기'의 결정 요인이 반영되어 있다. 그래서 이 이야기들은 연구자와 보고자가 필연적으로 주체가 되는 저작 과정과 관련을 맺고 있다.

어린이, 청소년, 청년이 들려주는 내러티브를 바탕으로, 나는 도덕적 삶이 뚜렷하게 '이야기되고' 또 자연스럽게 '공연되는 것'이라는 논의를 발전시키고자 한다. 그 과정에서 나는 이 인터뷰의 많은 참가자가 논의하는 것을 기술하기 위하여 '도덕적 청중'이라는 개념을 도입하고자 한다.

인터뷰 참가자들은 도덕적 독립성이라는 개념 앞에서 난처한 기색을 보인다. 그들에게 있어서 도덕적 행동은 항상 타인과의 관계 속에서 발생하며, 그들의 행동은 언제나 청중에 의해 수행되고 해석된다. 이때 개인에게 있어 도덕적 행동의 일관성은 행동할 때의 청중에 대한 일관성 있는 태도와 깊은 관련이 있다. 도덕 원리는 청중을 구성하는 집단과의 관련 속에서 발달·유지되거나 변화되고, 도덕적 행동은 그 청중 앞에서 정신적으로 시연된다. 도덕적 행동은 동일한 청중에 의해 회고적으로 분석되며 평가된다.

이하 본론에 등장하는 인터뷰 이야기에 대한 해석을 기반으로 하여, 나는 연기하는 배우 바로 그 앞의 존재, 즉 청중과 행위자의 관계적 성격을 이해할 수 있을 경우에만 행위자가 중심적으로 행한 도덕적 판단과 도덕적 행동을 공히 이해할 수 있다고 주장한다. 또한 나는, 도덕성 발달은 도덕적 행위자의 경험 속에서의 도덕적 청중의 형성과 변형이라는 관점에서 이해되어야 한다고 제안한다. 그러한 청중이 어떻게 중심이 되는지, 청중의 형태와 의미가 시간이 지남에 따라 어떻게 변화하는지, 청중의 구성은 어떻게 발생하는지, 청중의 구성원은 어떻게 그리고 언제 대체되는지, 그리고 행동의 변화는 청중의 변화와 어떤 관련을 맺고 있는지의 질문들은 부분적으로 도덕성 발달 연구에 대한 내러티브 접근의 향후 방향을 분명하게 해줄 것이다.

도덕적 청중: 참가자의 이야기

이하에서는 도덕적 결정에 관한 참가자들의 설명에서 발췌한 몇 개의 인용 대목을 소개해 보겠다. 참가자 중 한 명은 내가 펜실베니아대학교(University of Pennsylvania)의 대학원 강사로 근무하던 시절에 학생으로 만났던 사람이고, 두 명은 현재 진행 중인 성인의 도덕성 발달에 관한 종적 연구에 참여하고 있는 인터뷰 대상자 모임에 속한 사람이며(Connor, 1989; Connor & Day, 근간; Day, 출판 중 a, b, 근간 a), 마지막 한 명은 도덕적 행동을 한 것으로 인정받아 조기유아교육센터에서 인터뷰를 했던 어린 소년이다. 나는 참가자들의 사생활 보호를 위하여 가명을 사용하였다. 이하에서 나는 발췌한 부분에서 얻을 수 있는 요인들에 대한 보다 철저한 논의를 하기에 앞서, 그리고 그 요인들에 관한 연구 동기를 불러일으키기에 앞서, 각각의 인용 대목에 관하여 이 장에 포함된 순서대로 간략하게 소개하겠다.

포터(Porter) 인터뷰를 진행한 24살의 젊은 청년인 포터는 자신의 삶에서 실지로 일어나고 있거나 일어났던 도덕적 딜레마에 관하여 이야기하였다. 그 당시 포터는 성장 중인 부동산 개발회사의 전도유망한 거래처 담당 직원이었다. 막 이야기를 시작하려는 시점에서, 그는 특별히 자신에게 강렬한 인상을 남긴 도덕적 딜레마를 떠올렸다.

포　터: 저는 회사 대표로 중대한 거래를 수행할 것을 요청받았어요. 저한테는 굉장한 기회였죠. 저는 기쁜 마음으로 그 도전을 받아들였어요. 닉(Nick)이 저에게 그 일을 맡아달라고 해서 기분이 좋았죠. 닉은 사업 센스가 굉장히 좋았고, 그 건은 닉이 그동안의 저의 성과를 지지해주는 것이기도 했어요. 그리고 그 건은 개발부지가 이웃 동네에 생기는 것으로 사람들이 자부심을 가질 수 있는 교외 지역의 좋은 위치였기 때문에 굉장히 흥미로운 일이었어요. 또 그 건은 계약 규모가 커서 그 계약을 향한 경쟁 차원을 고려할 때 저에게 좋은 도전이기도 했지요.

질문자: 그 상황에서의 딜레마는 무엇이었나요?

포　터: 닉이 마을에 대한 우리의 제안 전략을 검토한 후 저에게 전략을 수정하라고 했어요. 그리고는 우리가 그 일을 맡게 된다면 무엇을 생산할 것인지에 대해 거짓말을 하라고 했어요. 닉의 입장에서는 제가 그것을 따라야만 하는 것이었고, 회사에서의 저의 승진 여부는 당연히 그 일의 수행 결과에 달려있었던 것입니다. 앞서 말했듯이, 저에게는 여러 가지가 연관되어 있었어요. 첫 번째는 당연히 제가 거짓말을 하느냐 안 하느냐의 문제를 고려해야 하는데, 그건 다른 일들과 관련을 맺고 있었어요. 말하자면 저의 상사 닉이 제게 한 조언에 대해 거리낌이 든다는 것과 동시에 그동안 닉이 제가 회사에서 성장할 수 있도록 지지해준 점을 고려할 때 그와의 관계를 어떻게 생각할 것인지, 이 거래나 다른 거래를 통해 계속 관계를 이어나갈 마을 에이전트들에게 어떻게 대처할 것인지, 만약 제가 거짓말을 안 하여 거래가 실패로 끝나고 그로 인해 직장을 잃고(저는 대학원 학자금 빚이 있고 저 스스로 벌어서 먹고살기 위해 저축해둔 것이 거의 없어요.), 또 그 결과로 모든 것을 잃어버린다면 어떻게 할 것인지에 대한 생각들이었죠.

닉이 저랑 굉장히 다른 사람이라는 것을 말씀드리고 넘어가야겠네요. 닉은 결혼하여 가정이 있으면서 큰 차를 몰고 다녔고, 교외지 전원에 살았으며, 열심히 노력하여 점점 출세했기에 저와는 매우 다른 배경을 가진 사람이에요. 어떻게 보면 굉장한 선입견에 사로잡힌 것일 수도 있지만, 그는 열심히 일하는 모습에서 제가 배울 수밖에 없도록 만드는 센스의 소유자인 셈이죠. 제 생각에 닉은 저를 자신처럼 될 수 있는 사람, 아니면 저를 자신의 아들 같은 존재로 생각했던 것 같아요. 직접적으로 저에 관해 묻지는 않았지만, 닉은 제가 말하는 모든 세부 사항에 관심이 있었어요. 재미있는 것은 저는 그 사람처럼 되고 싶지는 않았다는 거예요. 저는 그 사람의 삶을 따르는 것을 원치 않았어요. 그렇지만 그를 실망시키고 싶지도 않았어요. 저는 제가 그와 일함으로써 배울 수 있는 것들을 얻고 싶었어요.

저의 이야기가 어떤 의미인지 예를 하나 들어 말씀드릴게요. 제가 닉과 함께 부지를 방문하고 돌아오는 길이었어요. 닉과 저는 함께 차를 타고 있었고 우리는 상류층이 거주하는 단지에 있는 부지인 한 유대인 마을을 지나쳤어요. 유대인 주간학교와 사원 두 곳을 지나는데 닉이 갑자기 인종차별적인 발언을 하였고 다른 소수집단들에 대한 험한 말까지 하고 남성 동성애자에 관한 농담까지 하면서 정말이지 추잡하게 행동하더라고요. 정말로 이상했던 것은 한편으로는 닉이 제게 세상에 대한 정보를 주면서 그가 다른 사람에게는 보이지 않는 자신의 한 측면을 저에게는 믿고 보여준다는 것을 알았는데, 그것을 접하는 순간 그 내용이 저에게는 굉장히 불쾌하게 다가왔다는 거예요. 그래서 저는 무언가를 말해야겠다고 생각했어요. 이렇게 다르게 느껴질 때 그냥 듣고만 있는 것은 저 스스로 용납될 수 없는 일이라 생각했어요. 또 이대로 듣기만 하다가 그의 생각을 수용하는 인상을 남기는 것은 잘못된 일이라 생각했어요. 그런데 다른 한편으로는, 그가 저를 믿고 세상에 대한 정보와 생각을 얘기하고 있는 것인데, 아마 나중에도 바로 이런 방법을 통해 저에게 또 제안할 여지를 만들 수도 있겠다는 생각이 들었어요. 어쩌면 우리 사이에 생기는 친분이 그것을 가능하게 만들어 줄 수도 있겠다는 생각이 들었어요.

닉은 이야기를 계속 이어나갔고, 정말이지 아빠처럼 조언하기 시작했어요. 그는 세상이 어떻게 돌아가는지, 어떠한 주의를 해야 하는지, 그리고 제가 능력 있고 잘하지만 몇 가지 부분에 있어서는 더 강해져서 세상이 실지로 어떤지를 파악해야 한다고 얘기하기 시작했어요. 이게 바로 제가 말한 아빠와 아들 사이 같다는 거예요. 저는 닉을 아빠로 생각하는 사람은 아니었지만 다소간 비즈니스 면에서는 아빠의 역할을 하고 있는 거예요. 그런데 그는 아마도 스스로를 그 이상으로 생각하는 것 같아요.

질문자: 당신이 어떻게 했는지 말해 줄 수 있나요? 그리고 그에 관해 결정을 내리는 당신의 사고 과정을 설명해 줄 수 있나요?

포 터: 저는 프레젠테이션을 했고 거짓말하지 않았어요. 저는 정확하게 우리가 무엇을 할 것인지 그리고 그 부지에 왜 그것이 최선이라고 생각하는지를 얘기했어요. 저는 프레젠테이션이 끝난 후에 닉에게 제 결정을 얘기했어요. 제가 그렇게 결정한 이유는 무엇을 얻고 무엇을 잃든 간에 제가 거짓말을 한다면 스스로 견딜 수가 없었기 때문이에요. 그리고 어떤 원칙들은 사리사욕의 문제보다 더 중요하다고 생각했고, 거짓말을 하는 것은 제가 그런 원칙들을 지켜오면서 가지게 된 도의심에 위배되는 것이라고 생각했어요. 실질적인 의미에서 프레젠테이션에서의 승리를 통해 얻을 수도 있는 것들은 나중에 제가 거짓말을 했다는 사실이 밝혀진다면 잃게 될 거라고 생각했고, 그렇게 된다면 처음부터 솔직하게 말했을 때보다 모두에게 더 안 좋은 결과가 될 것이라는 생각을 했습니다. 제가 고객과의 관계를 신경 썼다고도 말할 수 있어요. 개발될 부지가 있는 그 동네의 사람들에게 약간의 애착을 가지게 되었다고 해도 틀린 말이 아니고요. 그리고 저는 저를 어떤 사람이라고 소개한 후 그 소개한 모습과 다르게 생각되어지고 싶지도 않았어요. 그건 닉도 포함이 되는데, 그건 바로 제가 저 자신이라고 생각하는 그 모습과 행동이 없었다면 처음부터 그의 존경을 받지도 못했을 것이기 때문이에요. 그리고 저는 그 분이 저한테 요구한 것 그대로 굴복했다면 그것이 야말로 그분을 실망시켰을 거라고 생각해요. 그분도 거짓말로 발표하는 것이 비윤리적이라는 것을 알고 있었던 데다가, 그분이 저를

정정당당한 사람으로 생각할 테니 말이죠.

질문자: 당신이 말한 추론이 이 경우에 당신의 행동과 결정을 지배한다고 말하는 것이 정당한가요?

포　터: 사실 그렇지 않아요.

질문자: 그렇지 않다구요?

포　터: 예, 사실 그런 결론을 내린 것은 바로 저의 할아버지였습니다.

질문자: 할아버지 말인가요?

포　터: 예, 지금은 돌아가셨지만, 그는 제가 조언을 구한 제 인생에 대단히 중요한 영향을 미친 사람입니다. 그리고 당신도 알다시피, 이것이 이상하게 들릴지는 모르지만 저는 당신이 심리학자 그리고 기타 등등의 사람임을 알고 있습니다. 그러나 저는 이런 대화들을 저의 할아버지와 함께 하였습니다. 저의 할아버지는 제가 당신에게 말하고자 하는 이와 같은 상황에 대해 살펴볼 때 제가 돌아가 상호작용할 존재로서 여전히 도덕 관념 안에 계십니다. 이해가 되시나요?

질문자: 네, 계속하세요.

포　터: 음, 전 제가 정말로 거대한 도덕적 결정에 직면할 때마다 시간을 갖습니다. 저는 저 스스로 설명할 사람들에 대해 생각합니다. 그 사람들이란 저의 가족 중 몇몇, 저의 친구 중 몇몇이죠. 저는 제 행동에 대한 아낌없는 설명과 그들이 저에 대해 생각할 방식에 대해 생각합니다. 저는 사실 딜레마를 상상하고 제 머릿속에 있는 사람들을 상상하며 제가 그 상황에서 그 사람들에게 어떻게 행동할지에 대한 설명을 연습합니다. 그것은 마치 '행동'(포터의 인용에 따르면)을 한다는 의미에 있어서 제가 할 것에 대한 리허설과 같습니다. 저는 제가 한 일을 이야기할 때도 마찬가지로 리허설을 하는 방식으로 합니다. 그러나 최종적인 핵심은 저의 할아버지입니다. 그래서 이 경우에 저는 그 모든 것들에 대해 생각했고, 어떤 일이 벌어졌는지에 대해 제가 말할 이야기를 생각했으며, 무엇보다도 저의 할아버지께 거짓말을 할 것인가 하지 않을 것인가와 같은 하나의 결정을 어떻게 설명할지에 대해 생각했습니다. 그리고 그것은 결국, 제가 명백히 거짓말을 할 수 없음을 의미하며 제가 어떤 만족감과 함께 그 결정을 할아버지에게 설명한다는 것을 의미합니다. 저는 제가 될 수 없었고, 저이거나 그 사람이 원하는 사람일 수 없었습니다. 그리고 제가 그렇게 하지 않았다면, 할아버지가 저에게 느낄 실망감을 견딜 수 없을 것입니다.

포터의 설명은 도덕적 의사결정의 복잡성을 실증함과 동시에 그 자체로 주목할 수밖에 없는 타당한 해석을 제공한다. 더욱이 그의 설명은 도덕적 판단과 행동의 상관관계와 관련된 몇 가지 공식을 비교적 쉽게 설명하는 추론가의 도덕적 삶에 있어서 내러티브가 결정적인 역할을 한다는 것을 보여주고 있다는 점에서 특별히 흥미롭다.

블라시(Blasi, 1984)의 진실성과 정체성에 대한 강조는 명백히 포터의 설명("나는 거짓말을 할 수 없고 나는 여전히 나야.")에 의해 지지된다. 이와 유사하게, 포터의 내러티브에는 도덕적 행동의 자격을 부여해주는 레스트(Rest, 1986)의 요인들이 나타나 있다. 즉 도덕적 상황에 대한 평가와 그와 관련한 '올바른' 해결책이 드러나 있는데, 이들은 행위자에 의해 알려지거나 직관되고 행위자에 의해 선택되어 해결책에 영향을 줌으로써 뒤이어 따라오는 행동으로 존재하게 된다. 게다가 포터의 언어는 권리와 책임, 정의, 공정(Kohlberg, 1984), 그리고 관계 속에서의 배려의 측면으로 특정지울 수 있다(Gilligan, 1982). 또한 그는, 매우 중요하고 즉각적이며 구체적인 관계를 수반하는, 실제 사회적 상황에서 발생한 딜레마를 묘사하고 있다(Haan, 1978). 뿐만 아니라 포터의 나이 그리고 자신의 정체성과 인생의 '꿈'과 일치하는 경력 형성과 관련한 젊은이의 문제라는 점을 고려할 때(Levinson, 1978), 이 딜레마에서의 발달 국면은 특별히 눈에 띄는 분명함을 보여주고 있다(Connor, 1989).

그렇지만 포터가 어느 한 관점 또는 여러 관점의 결합으로 자신의 행동을 설명하려 하지 않는다는 점에 주목할 필요가 있다. 대신에 그는 그 점을 탐색하려는 나의 제안을 수용하여 추가 인터뷰를 하기로 했는데, 거기에서 그는 온전히 자신의 추론이라고만 보기 어려운 설명을 계속 이어간다.

포터는 할아버지에 대한 언급과 함께 그가 이전에 어떤 (심리적) 공간을 마련하려고 노력했던 사례를 다시 소개한다. 그는 "덧붙여 말해야 해요."라고 말하면서, 닉에 관한 이야기 그리고 자신과 닉이 발전시켜온 일종의 관계에 관한 이야기를 한다. 포터는 자신과 닉 사이의 친밀감과 거리 모두를 설명하기 위하여 가족, 특히 아버지와 아들의 사례에 적용하고 있다. 그 과정에서 포터는 정서적이고 인지적이며 분석적인 동시에 관계적인 '도덕적 안목'이 표현되는 내러티브 과정을 설명하고, 정체성의 문제를 하나의 이야기로 그리고 연극적인 설명으로 윤곽을 그려낸다. 포터가 '성취한 것'은 그가 행동하기 전부터 존재했던 인물, 이야기된 논의라는 매개를 통하여 그에게 도덕적으로 책임 있는 인물인 할아버지와의 협의와 대립의 산물이다. 포터의 판단과 행동의 중재에 결정적인 관건이 된 것은 바로 이러한 내러티브 과정이다.

그도 그럴 것이, 내러티브 과정이 고려되지 않은 '판단'과 '행동'의 언어가 여기에서 어떤 유용함이 있을 것인지에 대해서는 의심의 여지가 있다. 이 경우에 판단과 행동을 위해 구분된 각각의 영역은 서로 무관한 영역으로 분리되며, 그리하여 양자는 분리된 두 영역의 공동 결정 과정으로 묶이게 된다. 닉과의 관계에 관한 포터의 이야기와 포터의 의사결정 과정에 대한 포터 자신의 설명에서 내러티브 과정이 없었다면, 판단과 행동은 서로 분리되어 있었을 것이다. 그러나 내러티브 과정에 의하여 판단과 행동은 밀접한 관련을 맺고 있다. 포터는 판단하기 위하여 행동을 리허설 하고, 판단과 자문을 하는 할아버지 앞에서 스스로 설명하기 위하여 만든 리허설을 평가하며, 도덕적 행위자로서의 그 자신에게 가장 큰 의미를 지닌 관계 속에서 살아갈 수 있도록 하는 이야기를 구성하며, 그가 살아가고 있는 이야기된 현실에 어울릴 수 있도록 행동한다. 그러므로 부동산 개발 계획의 실제 발표를 따랐다고 상상할 수 있는 이야기—포터가 도시 계획가들, 닉, 동료, 친구와 가족에게 했을 수 있는 이야기—이전에도, 내러티브의 장(場)은 포터가 거주할 수 있는 심리적인 공간을 만들기 위하여 이미 여러 면에서 판단과 행동이 만나는 곳이 되었다.

샌디(Sandy)와 킴(Kim) 대도시 로스엔젤레스의 젊은 행정관인 샌디는 그녀 자신의 삶에 있어서의 도덕적 영향력에 관한 이야기를 나와 주고받았다(Day, 출판 중 a, 근간 b). 그녀는 자신이 최근에 직면한 딜레마를 언급하면서, 몇몇 요인들이 자신의 도덕적 선택과 그것에 대한 후속 조치 그리고 스스로가 옳은 일을 했는지의 여부를 이해하는 데 영향을 미친다고 진술하였다. 샌디의 이러한 설명에는 자신의 경험 속에 중요한 청중이 존재하며, 그 청중의 존재가 자신의 발달, 그리고 나에게 언급할 만큼 중요하다고 생각되는 독립성에 영향을 미친다는 점이 함의되어 있다.

샌   디: 저는 결국 우리는 누군가에 대한 책임이 있다고 생각해요. 그런 의미에서 당신은 끌어낼 수 있는 넓은 자원을 개발해 나갈 때 더욱 독립적으로 될지 모릅니다. 당신이 경험을 축적함으로써 더 많은 것을 고려할 수 있고 수행할 수 있어요. 그리고 그런 방법을 따를 때 비로소 당신은 스스로 시작했던 틀에 묶이지 않게 됩니다. 그런데 당신은 정말로 독립적인가요? 저는 잘 모르겠어요. 어쩌면 저는 그렇게 생각하지 않는다고 말해야만 해요. 저는 항상 당신이 누군가에게 자신을 설명하는 것과 같은 감각이 있다고 생각해요. 그 누군가는 당신에게 중요한 사람이자 당신이 이해를 구하려는 사람이며, 또 당신이 그것을 계속하기 위하여 보살펴야 하는 사람입니다.

질문자: 어떤 면에서는 당신이 호소할 누군가를 말하는 것인가요?

샌   디: 제가 전에 시에라(Sierra) 공동체에 대해 말한 것처럼, 당신이 호소하고 이야기할 수 있는 누군가, 당신을 정당화하고 당신이 정말 좋은 사람이라고 설득하는 누군가, 그리고 그렇게 함으로써 당신의 상황을 스스로 이해할 수 있게 하는 그 누군가를 말하는 것입니다. 제 경우에, 저는 항상 이러한 사람들—처음에는 가족이었지만, 현재는 나의 남편과 가장 친한 친구들—이 제 마음속에서 함께 한다는 것을 알고 있어요. 저는 어떤 일이 일어났을 때 그들에게 무작정 호소하는 것이 아니라, 제가 무엇을 해야 할지 마음속으로 고민하는 경우에 호소합니다. 저는 그들에게 제 고민을 어떻게 설명해야 하는지, 그리

고 그들에 의해 제가 알게 된 것이 저에게 어떠한 방식으로 영향을 주는지를 생각합니다.

킴은 어떤 행동을 하는 순간에 자신의 행동에 영향을 미친 인물에 대해 말할 때와 유사한 상황을 묘사하였다. 멕시코계 미국인, 특히 로마 가톨릭 가족 안에서 킴의 도덕성 발달 경험은 각각 프로테스탄트와 유대인 중상층 이웃을 둔 가족 환경에서 출발한 포터와 샌디의 경험과는 꽤 다르다. 그러므로 도덕적 영향력에 대한 킴의 기억 다수는 폭력과 차별이 만연한 동네에서 보냈던 유년 시절로부터 생겨났다. 그러나 포터와 샌디와 마찬가지로, 킴은 내가 이 장에서 설명하고자 하는 유형의 도덕적 경험을 주장하고 있다.

킴: 음, 아니에요. 그 환경 안에 있는 다른 사람들, 말하자면 주변 환경 속 사람들의 의견은 저에게 그렇게 중요하지 않아요. 행동을 찬성하거나 비판하는 사람들은 언제나 있을 거예요. 그렇다고 해서 나와 가까운 사람들이 제 행동을 어떻게 생각할지 몰랐다는 점을 의미하는 것은 아닙니다. 저는 그러한 순간에 로저(Roger)를 많이 생각합니다. 저는 그와 공유할 수 있고 그가 찬성하는 유형의 일을 하고 싶어요.

이 문맥에서 킴과 샌디 두 사람은 도덕적 행동에 영향을 미치는 도덕적 삶의 분명한 관찰자로서의 '어떤 것'과 '누군가'가 있다는 점을 분명히 한다. 이들이 이야기한 도덕적 딜레마의 직접적인 맥락과 관련된 사람 이외에도 어렴풋하게 보이는 또 다른 매우 큰 인물이 있으며, 행위자로서의 킴과 샌디는 심리적으로 그 인물들로부터 '독립적'이지 않다.

더욱이 이 인물들은 킴과 샌디가 노력을 다하여 선행을 베풀고 딜레마를 해결하는 이후에도 오랫동안 여전히 영향력을 행사할 뿐만 아니라 서로 관계를 맺으며 세상에 거주한다. 그들의 시공간 상의 거리감―샌디는 남편, 친구와 종종 떨어져 지내며, 킴의 친구인 로저는 고인이 되었음―은 줄어들지 않으며, 이 경우 앞서 언급한 '어떤 것'과 '누군가'의 영향력은 사실상 더욱 증대하게 된다. 킴과 샌디의 도덕적 힘은 가상의 도덕적 행위자가 그들에게 말한 이야기를 알고 이해하고자 하는 그들의 수용력, 그리고 실패한 노력으로부터 좋은 의도를 분별하는 그들의 능력에 달려있다. 그런데 가상의 도덕적 행위자의 지지가 필요할 때 바로 '거기에' 그들이 존재하며, 결국 어떤 사람이 주도하며 살아가는 삶 속에서 가상의 도덕적 행위자는 덕(德)으로서의 역할을 한다는 점을 염두에 둘 필요가 있다. 말하자면, 킴과 샌디가 어떻게 행동하는지 또는 어떻게 행동해 왔는지에 관한 어떤 것, 달리 말하여 행위자의 도덕적 염려와 기준에 관한 주장을 행사하는 누군가가 있다는 것이다.

포터의 할아버지와는 달리, 킴과 샌디의 청중은 동시대의 인물이다. (샌디의 경우에는 가족으로부터 남편 그리고 가까운 친구들로 청중이 변화되었다.) 포터의 할아버지와 같이, 청중 중 한 명은 이미 사망했다. 또한 포터의 할아버지와 마찬가지로, 그 청중 모두는 판단과 보살핌을 제공할 것이라 기대되는 존재들이다. 도덕적 청중에 해당하는 이 인물들은 (과거, 현재 또는 미래의 행동에 대한) 가치판단의 명확성을 확립하는 데 도움을 주는 관점과 이익에 좌우되는 참가자와는 크게 구분된다. 그러나 도덕적 청중에 해당하는 인물들은 행위자의 내러티브를 이해하도록 해주는 참가자의 행동 구조와 상당한 정도로 밀접한 관련을 맺고 있다. 물론 도덕적 청중은 내러티브 행위자로서의 참가자와 동일하지 않으며, 따라서 참가자는 도덕적 청중이 제공하는 해석을 단순히 모방함으로써 자신의 관점을 잃어버리지 않는다. 그 참가자의 행위는 조심성 있는 주의 속에서 수행되고 해석에 의해 재구성되는 것이다.

독립성의 판단 기준을 의심하는 샌디, 그리고 직접적인 행동 영역에서 자신의 독립성을 주장하는 킴은 위와 같은 관점에서 이해할 수 있다. 샌디는, 자신을 비롯하여 그녀가 고려의 대상으로 여기는 모두가 책임의 문제에서 항상 자유로울 수 없다는 이유에서, 독립성이라는 것이 결코 완전히 성취할 수 있는 것이 아니라고 말한다. 킴에게 있어서, 도덕적 결정에 직접적인 영향력을 발휘하는 사람들로부터의 독립성은 로저에게 기대할 수 있는 보살핌과 안목에 의해 제공된다. 위의 두 경우에서 알 수 있듯이, 관계와 독립적으로 존재하는 추론, 구체화된 사람과 무관한 원칙, 도덕적 해석의 서사적 과정에 종속되지 않고 병행하지 않는 인지적 판단은 없다. 킴과 샌디는 공히 도덕적 삶을 이해하기 위하여 연극 리허설과 서사적 과정에 의존하고 있다. 이들이 도덕적 삶에 대한 이해를 확인하는 과정은 이러한 중재 과정을 통해서이다.

여기에서 눈에 띄는 특징은 그들이 복잡한 도덕적 추론을 묘사하는 사고 과정에 접근할 수 있는 방법을 제공한다는 점, 그리고 그와 동시에 추론가들이 도덕적 결정을 내리기 위하여 다른 장치에 의존하고 그 장치를 일상적으로 사용하고 있다는 점을 보여준다는 데 있다. 포터와 샌디 그리고 킴에게 있어서 도덕은 관계적이고, 바로 그 점으로 인해 도덕은 필연적으로 이야기되는 것이다. 이들 모두에게 있어서 도덕은 책임과 관련을 맺고 있으며, 이는 마치 연극배우와도 같이 필연적으로 장차 다른 누군가에 의해 판단될 행동에 대한 리허설로 이끈다.

마이클(Michael) 이 장의 서두에서 나는 도덕적 청중 개념을 이해할 수 있을 때 비로소 도덕심리학이 제대로 이해될 수 있다는 직감을 명시한 바 있다. 지금까지 살펴본 모든 사례는 청중 집단의 인물로부터 일정한 특징을 확인할 수 있다는 점을 시사한다. 그러나 또한 앞서 언급하였듯이, 그들 사이에는 차이점이 존재한다. 예를 들어 샌디의 경우는 도덕적 청중의 변화, 이를테면 그녀의 남편이나 그녀의 친구와 같이 새로운 구성원이 추가되는 사례에 해당한다. 이하에 소개되고 있는 최종 사례는 도덕적 청중이 꽤 이른 시기에 형성되며, 다섯 살 이전부터 이미 견고한 구조를 지니고 있다는 점, 그리고 보고자의 어린 시절부터 도덕적 청중이 그의 행동에 깊은 영향을 미치는 방식으로 작용하고 있다는 점을 시사하고 있다.

마이클은 하루 중 절반의 시간을 초기아동센터에서 보낸 4살하고도 6개월인 나이일 때 만났던 소년이다. 마이클은 자신보다 어린 한 소년의 생명을 구하였고, 그 이후 인터뷰를 진행하였다. 마이클은 어린 한 소년이 우연히 발로 찬 공이 어린이집 옆에 있는 길가로 굴러가고 그 어린 소년이 공을 따라가며 돌진하는 것을 목격하였다. 그리고 그 순간 굽은 길에서 빠른 속도로 다가오는 차를 목격한 마이클은 그 어린 소년의 시야에서 벗어난 차를 향해 경고의 신호를 보내면서 그 아이를 향해 달렸다. 다가오던 차는 '끼익~' 하는 소리를 내며

멈추었고, 마이클은 그 소년을 붙잡아 연석(緣石) 뒤로 끌어당겼다. 소리를 듣고 사건을 알리기 위해 센터에서 나오던 성인 커플, 조금 떨어진 거리에서 그 상황을 목격한 선생님, 그리고 그 일을 센터 안에 있던 선생님에게 설명하기 위해 달려가던 어린이들이 이 장면을 목격하였다. 나는 그 사건이 일어난 후 10분 정도 마이클과 대화를 나누었다. 다음은 그 대화의 일부이다.

질문자: 안녕, 마이클.

마이클: 안녕하세요.

질문자: 넌 지금 정말 많은 관심을 받고 있구나.

마이클: 많은 사람이 저에게 얘기해요.

질문자: 나도 봤단다.

마이클: 도로에서의 그 일에 대해서요.

질문자: 거기서 무슨 일이 있었지, 마이클?

마이클: 공을 따라서 케빈이 도로로 뛰어나가는 걸 보고, 저도 달려갔어요.

질문자: 그게 네가 한 일이니?

마이클: 네, 케빈이 저보다 더 작고 차가 있었거든요.

질문자: 그래, 차가 있었지. 도로는 위험할 수 있어.

마이클: 알아요. 그래서 제가 달려간 거예요. 케빈은 저보다 더 작고 또 빨리 달리지 못하니까요.

질문자: 그러면 너는? 도로로 달려갔을 때 너도 같은 상황이라는 생각은 안 해봤니?

마이클: 네, 별로 안 했어요.

질문자: 별로 안 했다니?

마이클: 위험한 건 내 친구 케빈이었고, 저는 케빈이랑 친하니까요.

질문자: 그게 무슨 뜻이니? 케빈 때문에 도로에 있는 차에 대해서는 생각하지 않았다는 뜻이야? 차 때문에 너도 위험할 수 있었어. 그렇지 않니?

마이클: 맞아요. 그런데 누군가 어려움이 있으면 우리가 도와줘야 하는 거 잖아요.

질문자: 그래서 그렇게 한 거니? 그리고 이 상황에서 그렇게 하는 것이 옳다는 것을 어떻게 알게 되었니?

마이클: 우리 엄마가……

질문자: 엄마가 그렇게 말씀하시니?

마이클: 엄마는 누군가 어려움에 처했을 때 우리가 도와줘야 하는 거라고 말씀하세요.

질문자: 그러면 차는? 도로로 뛰어드는 것에 대해서는 엄마가 뭐라고 하시니?

마이클: 엄마는 도로는 위험하니까 절대 도로로 뛰어들면 안 된다고 하세요.

질문자: 또 누가 너에게 뭘 해야 하고 뭘 하면 안 되는지 규칙을 정해주니?

마이클: 할머니요.

질문자: 할머니는 뭐라고 하시니?

마이클: 엄마랑 같은 말씀이요.

질문자: 그렇구나.

마이클: 그리고 헐크(Hulk)요.

질문자: 헐크? 헐크가 너에게 무엇을 해야 하고 무엇을 하면 안 되는지 규칙을 정해준다고?

마이클: 네. 헐크는 위험한 상황이 오면 몸이 엄청 커져요. 그리고 헐크는 특히 사람들을 돕기 위해 많은 일을 할 수 있어요. 누군가 어려움에 처했을 때 헐크는 그 사람을 구하러 가요. 텔레비전에서 헐크가

여자아이를 구하려고 했을 때처럼요. 만화에서 갑자기 벽돌담이 와르르 무너져 여자아이가 위험한 상황이었는데, 헐크는 여자아이를 구해냈어요. 구하러 가면 자기에게도 똑같은 일이 벌어질 것을 알고도 아이를 구하러 간 거죠. 그리고 벽이 무너지면서 다칠 뻔했지만, 헐크는 옳은 일을 하면 엄청 강해지니까 하나도 다치지 않고 무사했어요.

질문자: 그런데 헐크가 어떻게 너한테 뭘 하고 뭘 하지 말라고 얘기하지?

마이클: 그냥 제가 헐크한테 물어봐요. 밤에 자기 전이나 고민이 있을 때 헐크가 저한테 얘기해줘요.

질문자: 그냥 네가 헐크한테 물어보면 헐크가 말해준다고?

마이클: 네, 무슨 뜻인지 모르겠어요? 헐크는 항상 뭘 물어볼 때마다, 마치 바로 거기에 있는 것처럼 무엇을 어떻게 해야 할지 저한테 알려줘요.

우리는 마이클의 발언을 통해 그에게 있어서의 도덕적 청중에 관한 몇 가지 특징을 알 수 있다. 마이클은 '도로로 뛰어들면 안 된다'는 규칙을 어기고 자신보다 더 작은 소년을 구하기 위해 도로로 뛰어들었다고 말한다. 그는 하나의 규칙을 지키기 위해 또 다른 규칙을 어기게 되는데, 이 점에서 그는 어떤 정해진 기준에 부합하도록 규칙을 선택하여 따르는 것이 얼마나 복잡한 일인지를 실증한다.

마이클의 엄마는 마이클에게 있어 중요한 존재이다. 마이클의 엄마와 마이클은 매우 신뢰가 두터운 친밀한 사이이며, 그는 도덕적 판단이 요구될 때 엄마로부터 많은 조언과 힌트를 얻는다. 마이클의 엄마는 도로로 뛰어들면 안 된다고 하였고, 또한 누군가 어려움이 있을 때 도와주어야 한다고 말해왔다. 마이클은 대화 과정에서 때때로 엄마의 '목소리'를 언급하였다. 이를 통해 알 수 있듯이, 우리는 그가 무엇이 옳고 무엇이 그른지, 무엇이 좋은 일이고 무엇이 나쁜 일인지를 선택해야만 하는 경우 마음속으로 엄마의 목소리를 여러 번 들었을 것이라고 추론할 수 있다(Tappan, 1991). 마이클의 할머니 또한 그 상황의 한 부분인 것과 같이, 그의 도덕적 청중의 한 부분을 이루고 있다. 마이클이 증언한 것과 같이, 할머니는 마이클과 친밀하며 그가 무엇을 해야 하고 무엇을 하면 안 되는지에 대하여 엄마와 일치하는 조언을 하였다.

아울러 우리는 마이클이 언급한 놀라운 힘의 소유자인 헐크의 목소리에 대해 살펴볼 필요가 있다. 헐크는 사실 마이클이 열광적으로 좋아하는 텔레비전에 등장하는 캐릭터이다. 마이클이 언급하고 있는 헐크라는 인물은 평소에는 일반적인 규칙을 따른다. 그러나 헐크는 누군가 위기의 상황에 직면했을 때 그 상황에서 벗어날 수 있도록 하기 위해 몸이 매우 커지는 등, 직면한 도전적인 상황이나 위험한 인물과 상동하는 조건에서 힘을 쓸 수 있는 인물로 묘사되고 있다. 여기에서 우리는, 마이클에게 있어서 헐크는 단지 하나의 모델링의 대상이나 텔레비전에서의 영웅 이상에 해당하는 존재라는 것을 알수 있다. 마이클이 말한 바와 같이, 헐크는 자신과 대화를 나누는 존재이자 자신에게 조언을 해주고 보살핌을 주는 존재이다. 그러므로 마이클에 있어서 헐크 역시 도덕적 청중에 해당한다. 마이클이 도로로 뛰어들기로 결심했을 때 헐크가 마이클에게 나타났는지는 분명하게 확인할 수 없지만, 마이클에게 헐크가 나타났을 수도 있었다는 것, 그 외에도 또 다른 도덕적 결정과 관련하여 마이클이 헐크와 끊임없는 대화와 상담을 해왔다는 것은 분명하다. 즉 마이클의 엄마,

할머니 그리고 헐크는 마이클의 도덕적 청중이며, 이는 마이클이 이 때까지 겪어온 도덕적 갈등 상황에서 도덕적 판단과 행동의 기준을 수정하고 정립하는 데 상당한 정도로 관련을 맺고 있다는 점을 함의한다. 마이클에게 있어서 헐크는 자신의 정체성을 이루는 일부분일 뿐만 아니라, 그 자신과 함께 도덕적 행동으로의 실천 가능 여부를 판단하는 모니터의 기능을 하는 존재이다.

논의

'범형적이고 논리과학적인 사고 양식에 대해서는 많이 알고 있으면서 정작 그것과 평형을 이루는 내러티브 사고 양식에 대해서는 놀랍게도 거의 모른다'는 브루너(Bruner, 1986)의 설명은 도덕심리학이 현재 직면하고 있는 문제들과의 관련에서 이해할 필요가 있다. 최근의 몇 가지 연구(Day, 1991 출판 중 a, 근간 a, b; Packer 1989; Tappan, 1989, 1990; Tappan and Brown, 1989)를 제외하고, 내러티브를 도덕적 행동의 주요한 작동 양식으로 삼아 그것에 직접적인 관심을 기울여 온 경우는 거의 없었다.

이 장에 부분적으로 제시된 인터뷰에 대한 나의 해석은 내러티브가 적어도 관련된 네 가지 방식으로 도덕적 삶에 기능한다는 점을 시사한다. 첫째로 도덕 행위자들은 서사 행위의 도움을 통해 그들이 할 수 있는 행동을 직접 리허설해 봄으로써 그러한 서사 행위 이후에 일어날 행동을 직간접적으로 고려한다.

둘째로 도덕적 딜레마 문제를 연구하는 보고자에 의해 이야기가 활용된다. 사실을 기반으로 한 서사 행위는 도덕적 결정에 따라 무슨 일이 일어났는지를 서로 논의할 수 있는 생생한 이야기를 제공한다. 따라서 보고자는 자신에게 일어난 일의 설명을 요구받았을 경우, 만일 자신이 말하고자 하는 바를 잘 이해하지 못했다면 말하고자 하는 바를 더욱 정교화하기 위해 서사 행위를 수행한다. 이처럼 서사 행위는 도덕적 청중에 해당하는 인물과 보고자의 심리적 세계에 있는 타자에게 인간 행위를 설명하는 기능을 한다.

셋째로 도덕적 삶을 알리는 일을 수행하는 보고자들은 일어날지도 모르는 일, 자신이 할 수 있는 일, 그리고 이미 일어난 일을 그 스스로가 어떻게 이해하고 있는지를 상세히 살펴보기 위하여 서사 행위에 참여한다. 보고자들은 이야기가 맞추어질 청중 속의 인물들 앞에서, 이야기를 시연하는 사람들 앞에서, 그리고 이들이 지속적으로 주의를 기울여야 하는 인터뷰 진행자에게 서사 행위를 한다. 따라서 보고자들은 내러티브를 다소 역설적으로 사용하는데, 이는 아이서 (Iser, 1978)가 '불확정성'이라고 명명하는 것을 통한 서로 간의 의사소통을 위해서이다. 보고자들은 도덕적 청중 그리고 인터뷰 진행자의 발화 행위 이면의 의미를 드러내는 데, 또한 그 이면의 의미를 이해하는 데 참여하도록 유도한다. 이러한 과정에서 보고자들은 자신에게 있어 중요한 의견을 가지고 있는 타자로부터 가능한 한 의미를 골라내고(Bruner, 1986, 25), 장차 할 예정이거나 이미 한 자신의 행위에 대한 해석의 지평을 확장시킨다. 그렇게 함으로써 보고자들은 그들 자신의 도덕적 정체성을 재정립할 뿐만 아니라, 현재 주제가 되는 행위가 일어나는 상황의 '텍스트'를 개선하게 된다.

넷째로 도덕 행위자는, 내가 보여주려고 했던 것처럼, 이야기하는 사람, 즉 내레이터이자 이야기된 행위와 상황적 '텍스트'에 대한 해석자로서, 자신이 거주하고 있는 삶의 세계의 서사적 구조와 자신이 만들어낸 서사적 구조를 비교하고 대조한다. 포터와 샌디는 도덕적 경험에 관한 자신의 견해를 이야기하는 것을 망설였는데, 그 이유는 부분적으로 이들이 이전에 읽었던 인간의 도덕 심리에 관한 도서를 포함하여 자신이 살고 있는 문화 속에 널리 퍼져 있는 발달에 관한 일반적인 서사와 그들의 견해가 대조를 이룬다는 것을 인식하고 있었기 때문이다. 관계에 관한 스토리, 이야기된 결정과 해석에 관한 스토리, 그리고 도덕적 행동에 있어서의 상호 결정성에 관한 스토리는 그들이 겪는 현실과 비교할 때 독립성에 대한 지배적인 내러티브와는 모순된다. 도덕적 삶은 다양하고 복잡한 서사이며, 그리하여 사회적으로 형성된 이해 방식과의 관련 속에서 의미가 통할 수 있도록 세심하게 제작되어 전달된다. 이 점에서 나는 다른 이들과 마찬가지의 입장에서(예를 들어 Gergan and Gergen 1986), 그러한 이해 방식은 그 자체로 진실성의 지위를 갖는 내러티브에 해당한다고 주장한다.

발달심리학에 주는 의의

발달심리학의 두드러진 특징 중 하나는 그것이 인간 삶의 여정에서 일어나는 연속성과 불연속성에 대한 이해를 탐색하는 데 도움을 제공한다는 것이다. 그러나 이상에서 제시된 이야기들에는, 한편으로는 발달론자—예컨대 피아제(J. Piaget), 콜버그(L. Koblberg) 그리고 페리(W. Perry)—가 제시하고 있는 형식적 추론하기(이성적이고 합리적으로 추론하는 과정)에서 알 수 있듯이 여러 방식으로 변한다는 것을 보여 주고 있지만(포터가 자신의 행동에 관하여 수행한 분석은 마이클의 분석보다 훨씬 더 복잡하고 정교하다.), 다른 한편으로는 거기에서 설명되지 않은 중재와 보고의 방식이 있다는 점을 보여주고 있다. 이 후자의 방식을 염두에 둘 때, 개인의 도덕성이 어떻게 발달하는지에 관한 물음은 여전히 풀리지 않는 의문에 해당하지만, 시간이 지나면서 발달의 내용이 재구성된다는 점, 그리고 그 형식의 면에 있어서 연속성이 존재한다는 점은 분명하다. 개인은 누군가에게 계속해서 이야기로 표현하고, 누군가에게 자신의 행동에 영향을 주는 것에 관해 기꺼이 설명하고 비판받는 존재이다. 또한 개인은 계속해서 리허설을 통해 결론을 내고 생각을 재정립하는 존재이다. 그리하여 개인은 그 논리와 근거에 입각하여 행동할 것이고, 그 행동에 나타난 변화 속에서 관계성을 이어나갈 것이다. 따라서 '발달한다'는 것은, 인지 발달론자들이 주장해 온 바와 같이, 단지 세상에 영향을 미치고 세상과 상호작용하는 가운데 일어나는 개인의 자립적 삶에만 근거하고 있는 것이 아니다. 발달한다는 것은 자아 내부에 존재하고 또한 자아 외부에도 존재하는 타인과의 관계 속에서 자아의 서사적 구조를 획득하는 대화의 구성과 방식이 존재한다는 것을 깨닫는 것이기도 하다. 행동으로 이끌기도 하면서 행동의 결과로 나타나는 인간의 사고에 적합한 상호작용과 관계는 스스로의 행동뿐만 아니라 자타(自他) 간의 행동에서 동시에 일어난다. 그러므로 발달심리학에 관한 연구가 인간 사고의 형식들 간의 관계를 비롯하여 인간의 관계에 뿌리를 두고 있는 내러티브 구조와 과정에 대한 더 많은 관심을 기울일수록, 발달심리학은 인간의 삶의 변화와 지속성의 문제를 정확하게 보여줄 수 있는 가능성을 높여 줄 것이다.

도덕적 '판단'과 도덕적 '행동'

발달심리학에서 콜버그(Kohlberg, 1984)의 도덕적 행위 모델은 몇십 년 동안 지배적이었고, 특히 여기에서의 논의와 관련을 맺고 있다. 코노(Conor, 1989, 179)가 언급하고 있듯이, 콜버그의 모델은 "고의로―거의 이념적으로―최종적인 도덕적 행동에 잠재적으로 기여하는 것, 이른바 도덕적 판단 단계를 보여주는 것으로 제한되어 있다." 콜버그의 모델이 안고 있는 이러한 한계는 도덕적 행동의 이해에 대한 콜버그 패러다임의 강점이자 약점이 되어왔다. 콜버그의 모델은 어떤 면에서는 명쾌하고 '흠이 없는' 모형이다. 이 모형에는 인지도 있고 행동도 있으며, 인지 구조가 발달하면 더 바람직한 행동이 따른다는 것을 함의하고 있다. 이 모델에서의 행동은 세계가 실지로 존재하는 방식에 대한 피아제 식의 변증법적 설명 내에서의 인지적 기능이다. 따라서 이 모델이 기반하고 있는 인지는 적합할 뿐만 아니라 진실성을 갖추고 있기도 하다. 도덕적 행동은 반드시 진실성과 관련을 맺고 있기 때문에, 도덕적 인지가 발달하면 항상 도덕적 행동이 뒤따라온다는 자연스러운 귀결을 지니고 있다.

그러나 이제 콜버그의 모델에 대한 적지 않은 비판이 존재하고 있고, 콜버그의 모델이 현실에서 일어나고 있는 도덕적 행동을 이해하는 데 있어 어느 정도로 유용한지에 대한 적지 않은 비판 또한 존재하고 있다. 도덕적 인지와 도덕적 행동의 관계에 관한 콜버그의 가정이 서로 연관성이 있다거나 또는 서로 모순된다는 가설이 세워진 요인들을 검증한 많은 연구 결과들 가운데, 몇 개의 연구는 콜버그 모델의 정당성을 입증한 반면에 몇 개의 연구들은 콜버그의 모델에 맞서는 그럴듯한 주장을 이끌어내기도 하였다(예를 들어 Blasi, 1980; Connor, 1989; Connor and Day, 근간; Day, 1987, 근간 a; Gilligan, 1982). 이상에서 소개한 연구를 포함하여, 나의 연구에서 드러내고자 한 것은 콜버그의 모델이 존속되고 있는 것처럼 보이지만 사실은 그 모델에 잘 설명되어 있지 않은 요인들에도 주목해야 한다는 점이다. 예를 들어, 인지적 자극이 도덕성 발달에 효과가 있다는 점을 분명하게 보여주고 있는 연구를 수용한다고 하더라도, 인지적 영역뿐만 아니라 여타의 심리적 특성이 도덕적 행동을 이끌어낸다는 것을 밝혀야 한다는 점이 그것이다. 그리고 콜버그의 '판단―행동' 관계를 좌우하는 의무적 선택은 오직 어떤 행동이 도덕적인가를 결정할 때의 몇몇 경우에서만 나타난다는 것을 보여주고 있다(Connor, 1989; Conner and Day, 근간; Day, 출판 중 a). 이 장에서 나는 도덕적 선택의 문제를 콜버그의 평형화 관점에서 묘사하는 것처럼 보이는 사람들이, 사실은 다양하고 복합적인 형식과 서사적 조건을 동시에 접근하려고 시도한다는 점을 밝히고자 하였다. 콜버그의 모델은 이미 정해진 선택의 문제를 이해하는 데는 적절하다. 그러나 그것이 곧 충분한 설명을 충족하는 것은 아니다. 따라서 도덕적 판단과 도덕적 행동에 관한 다른 주요 모델도 이 문제와 관련을 맺고 있으며―이와 관련해서는 특별히 블라시(Blasi), 길리건(Gilligan), 한(Haan), 레스트(Rest)의 연구를 비롯하여 코노(Connor, 1989)와 Day(출판 중 a)의 연구를 언급하고자 함―, 나는 이들 중 누구도 도덕적 영역에 있어서의 내러티브의 지위에 대한 명쾌한 설명을 제공하고 있지 않기 때문에, 도덕적 판단과 행동 간의 관계에 있어서 일어나는 일을 완전하게 이해하지 못하고 있다고 주장한다.

인터뷰에 응한 사람들의 이야기와 그 이야기에 대한 나의 해석이 분명하게 보여주는 것은 여타의 이론 모델들이 놓치고 있는 부분에 관한 문제이다. 도덕적 삶에 관한 서사 구조는 너무나 복잡하고, 도덕적 자아는 타인의 목소리로 가득 차 있기 때문에(제1장), 상호결정성에 관한 재인식을 제시하는 모델—이를테면 목소리, 존재, 타자, 대화, 개인적 서사, 사회적으로 주어진 서사 구조, 그리고 다른 사회적 요소들 간의 상호결정성 문제—만이 꼭 알맞은 분석과 묘사의 힘을 지니게 된다. 도덕적 청중을 행위자의 도덕적 수행을 이끄는 특징으로 재인식하는 것은, 이 책에서 나와 함께하는 공동 저자들이 공통으로 추구하는 방향으로서, 도덕성 발달에 꼭 알맞은 모델로 한 걸음 더 나아가는 데 도움을 제공할 것이다.

Blasi, A. "Bridging Moral Cognition and Moral Action: A Critical Review of the Literature." *Psychological Bulletin*, 1980, 88, 1−45.

Blasi, A. "Moral Identity: Its Role in Moral Functioning." In W. Kurtines and J. Gewirtz (eds.), *Morality, Moral Behavior, and Moral Development*. New York: Wiley, 1984.

Bruner, J. *Actual Minds, Possible Worlds.* Cambridge, Mass.: Harvard University Press, 1986.

Connor, D. *The Moral Behavior of Young Adults.* Ann Arbor, Mich.: University Microfilms, 1989.

Connor, D., and Day, J. M. "Compensation and Exchange: Being Moral in Time." In M. Commons, C. Armon, and F. Richards (eds.), *Adult Social and Cognitive Development: Adult Development*, Vol. 3, forthcoming.

Day, J. M. *Moral Development in Laboratory Learning Groups.* Ann Arbor, Mich.: University Microfilms, 1987.

Day, J. M. "Narrative, Psychology, and Moral Education." *American Psychologist*, 1991, 46, 167−168.

Day, J. M. "Knowing the Good and Doing It: Moral Judgment and Action in Young Adult Narratives of Moral Choice." In D.

Garz, F. Oser, and W. Althof (eds.), *Der Kontext der Moralisches Urteilen—Moralisches Handeln* (The context of moral judgment—moral difference). Frankfurt Am Main, Germany: Suhrkamp, in press a.

Day, J. M. "Role—Taking Revisited: Narrative as a Critical Adjunct to Cognitive Developmental Interpretations of Measured and Reported Moral Growth." *Journal of Moral Education*, in press b.

Day, J. M. "Exceptional Sierrans: Stories of the Moral." In D. Connor, J. Day, K. Kaliel, R. Mosher, and J. Whiteley, *Character in Young Adulthood*, forthcoming a.

Day, J. M. "Moral Development: An Affective—Cognitive Model." In M. Commons, C. Armon, and F. Richards (eds.), *Adult Social and Cognitive Development: Adult Development*, Vol. 3, forthcoming b.

Gergen, K., and Gergen, M. "Narrative Form and the Construction of Psychological Science." In T. Sarbin (ed.), *Narrative Psychology: The Storied Nature of Human Conduct*. New York: Praeger, 1986.

Gilligan, C. *In a Different Voice: Psychological Theory and Women's Development*. Cambridge, Mass.: Harvard University Press, 1982.

Haan, N. "Two Moralities in Action Contexts: Relationships to Thought, Ego Regulation, and Development." *Journal of Personality and*

Social Psychology, 1978, 36, 286−305.

Iser, W. The Act of Reading. Baltimore, Md.: Johns Hopkins University Press, 1978.

Kohlberg, L. Essays on Moral Development. Vol. 2: The Psychology of Moral Development. New York: Harper & Row, 1984.

Levinson, D. The Seasons of a Man's Life. New York: Knopf, 1978.

Packer, M. J. "Tracing the Hermeneutic Circle: Articulating an Ontical Study of Moral Conflicts." In M. J. Packer and R. Addison (eds.), Entering the Circle: Hermeneutic Investigation in Psychology. Albany: State University of New York Press, 1989.

Rest, J. Moral Development: Advances in Research and Theory, New York: Praeger, 1986.

Tappan, M. B. "Stories Lived and Stories Told: The Narrative Structure of Late Adolescent Moral Development." Human Development, 1989, 32, 300−315.

Tappan, M. B. "Hermeneutics and Moral Development: Interpreting Narrative Representations of Moral Experience." Developmental Review, 1990, 10, 239−265.

Tappan, M. B. "Texts and Contexts: Language, Culture, and the Development of Moral Functioning." In L. T. Winegar and J. Valsiner (eds.), Children's Development Within Social Contexts: Metatheoretical, Theoretical, and Methodological Issues. Hillsdale, N. J.: Erlbaum, 1991.

Tappan, M. B., and Brown. L. M. "Stories Told and Lessons Learned:

Toward a Narrative Approach to Moral Development and Moral Education." *Harvard Educational Review*, 1989, 59, 182 – 205.

Chapter

3

관계적 내러티브의 목소리에
귀 기울이기

관계적 실천으로 이해되는 심리학에서 경청, 해석 그리고 타인에게 이야기를 들려주는 과정은 관계적 행동으로 간주된다. 관계의 심리학에서는 다양한 목소리에 반응하는 방법, 신체 및 관계, 그리고 문화가 정신에 영향을 미치는 방식에 있어서 세심한 주의를 기울이는 방법이 필요하다.

Lyn M. Brown | Colby College

Carol Gilligan| New York University

관계적 내러티브의 목소리에 귀 기울이기[*]

목소리에 대한 네 가지의 질문을 던져보겠다. ①누구의 목소리
인가?, ②어떤 신체에서 발화된 목소리인가?, ③어떤 관계에 관한 이
야기를 담고 있는 목소리인가(그 이야기는 누구의 관점에서, 어떤 시점에서
이루어진 것인가)?, ④어떤 사회문화적 체제에 속한 목소리인가? 인간
발달 연구에 관한 고전적 접근방식은 이러한 네 가지의 질문을 받았
을 때, 발달심리학이라는 표준적인 목소리를 근거로 하여 그 목소리
를 엄숙하고 겉보기에 객관적이며 감정에 좌우되지 않고 누구의 것
인지 알 수 없는 것으로 볼 것이다. 물론 여기에서 발달심리학이라는
표준적인 목소리는 일반적으로 어느 하나의 목소리라기보다는 우리
가 특별한 이견 없이 수용하고 있는 객관적 사실로 이해되고 있는 것
이다. 그러나 역설적으로 들릴지 모르겠지만, 이러한 '객관적이고 누
구의 것인지 알 수 없는' 목소리는, 적어도 암묵적으로 볼 때, 남성의

* 이 장을 준비하기 위한 재정은 릴리(Lilly) 기금, 클리블랜드(Cleveland) 재단, 조
지 군드(George Gund) 재단, 스펜서(Spencer) 재단의 보조금으로 충당하였다. 초
기본은 "심리 분석에 관한 안내로서의 문학 이론"(Literary Theory as a Guide to
Psychological Analysis, M. Franklin, 의장)을 대주제로 하는 심포지엄에서 발표되었
으며, 1990년 8월 보스턴(Boston)에서 열린 미국심리학회(American Psychological
Association)의 연례학술행사에서 수행되었다.

신체, 그 중심에 분리가 놓여 있는 관계에 관한 이야기, 그리고 서구 문명 체제 내에서 남성의 통치 사회에 관한 이야기를 전제한다. 우리는 관계의 목소리, 신체, 표준적인 이야기에 관한 관점을 포함하여 이야기, 사회문화적 체제를 변경함으로써 심리학을 객관적 사실의 공언이 아닌 관계의 실천으로 재구성하고자 한다. 그리하여 우리는 소위 심리학적 건강 혹은 인간 발달을 가능하게 하고 촉진한다는 의미에서 과연 어떤 관계가 좋은 관계인지를 묻게 된다. 이러한 노력의 성공 여부는 '우리는 누구인가'라는 질문에 답하는 것, 그리고 우리가 권위와 영향력을 갖는 심리학자의 위치에 있음을 인식하는 것에 달려있다. 우리는 사람들을 다루고 평가하고 시험하며, 사람들의 삶과 사고 및 느낌, 심지어는 사회경제적 기회에 영향을 미치는 글을 쓸 자격이 주어져 있다. 그러므로 목소리, 권위, 진실, 관계 등에 관한 질문은, 다른 분야에서는 학문적인 질문에 해당하는 반면에, 심리학 분야에서는 매우 개인적이면서도 정치적인 질문에 해당한다.

이때까지 심리학 연구 분야에서는 위의 질문에 관심을 가지고 그에 관한 탐구 방법이나 연구 방식을 창출해왔다. 이 장에서는 우리가 제안하는 접근방식을 좀 더 상세하게 살펴보고자 한다. 앞서 언급한 목소리에 응답하려는 이 접근방식은 신체, 관계의 특수성, 사회문화적 맥락과 조화를 이룬다(Brown 외, 1988; Brown, Debold, Tappan, and Gilligan, 1991; Brown, Tappan, Gilligan, Miller, Argyris, 1989; Gilligan, Brown, and Rogers, 1990). 그러므로 목소리 중심 방법은 심리학자가 타자와 관계를 맺는 방법, 즉 타자의 목소리에 귀를 기울이는 방법을 제공한다. 다양한 목소리에 응답하는 방법을 창출한다는 것은 목소리 방법—심리학자의 목소리도 포함—이라고 명명할 수 있으며, 이 방법으로 우리는 관계적 실천으로서의 심리학에 접근함으로써 스토리와 내러티브 및 단어, 심지어는 하나의 관계적 행동으로서의 타인의 침묵까지도 귀를 기울이고 수용하고 해석하며 이야기를 주고받는 과정을 이해하게 되는 것이다. 이러한 목소리 심리학은 화자를 분명하게 함으로써 객관적 사실의 공언을 관계의 실천으로 전환시킨다. 또한 구조나 단계 등의 단조로운 언어를 인간 담화의 다성성(多聲性)을 강조하는 목소리나 테마 혹은 조성 등의 음악적인 언어로 전환하여, 목소리 아닌 목소리에서 벗어나 관계와 시공간 바깥의, 그리하여 누구의 것인지 알 수 없는 입장과 목소리라는 의미를 갖는 '객관성'이라는 개념을 거부한다(Gilligan, Brown, and Rogers, 1990; Rogers and Gilligan, 1988).

'경청으로의 안내'는 목소리와 관련을 맺고 있는데, 이는 문학적인 방법과 임상적인 방법을 아우른다. 이 방법은 계층화된 정신의 성격, 정신적 삶의 조화, 사고와 감정의 비선형적이고 불투명한 통합, 발화의 다성적 성격, 그리고 발화뿐만 아니라 침묵의 상징적 성격에 반응한다. 말하자면 이 방법은 신체·관계·사회적 맥락·문화체제에 주의를 기울이는 일종의 관계적 접근법이며, 그것은 또한 이 시대 미국에 가부장제와 남성중심주의가 만연해 있음을, 그리고 그것이 화자와 청자 및 독자로서의 여성과 소녀에게 끼치는 영향을 드러내는 데 특별히 관심을 기울이는 페미니스트적 방법이기도 하다. 밀레트(Millett, 1970, 58)의 말처럼, '철저하게 통제되고 있는 권력 체계에서는 큰 목소리로 말할 필요가 거의 없다'라고 목소리를 내는 이 과정은 팽배한 인습 아래로 이동하여 그러한 체계 속에서 완전한 인간으로 표현되지 못하는 사람들이 어떻게 존재하고 저항하는지, 또한 보이는 곳뿐만 아니라 보이지 않는 곳에서 자신의 인간성을 어떻게 창출하고 유지해 나가는지를 이해하는 방법을 제공한다. 그러므로 우리는 페털리(Fetterley, 1978, xx)가 말한 바와 같이, '여성과 남성에 대해 우리 사회에 아직도 존재하는 강박관념과 근거 없는 믿음을 폭로하고 그에 대해 의문을 제기'하며, 또한 리치(Rich, 1979b, 35)가 말한 '우리가 젖어 있는 그 가정'을 '알고자' 시도한다. 우리는 이러한 목표 달성을 위하여 가부장제 및 남성중심주의라는 여과 장치에 여러 번 걸러져서 '아무도 모르게 흐르는' 여성의 목소리와 시각을 표면화시키고자 한다. 그러한 이유에서, 우리는 리치(Rich, 1979b, 35)가 수정이라고 명명한 것에 기여한 페미니스트 문학 비평가들과의 관련성을 주장하고자 한다. 여기에서 수정은 '되돌아보는 행동이자 깨끗한 눈으로 보는 행동이고, 새로운 비평 동향으로 오래된 글을 이해하는 행동을 의미한다'(Schweickart, 1986).

이제 방법의 문학적, 임상적, 페미니스트적 차원을 명확히 하기 위하여, 타자의 목소리를 받아들여 그 관계를 가능하게 하는 방법에 대해 개괄적으로 소개하는 것으로 이 장을 시작하고자 한다. 그러면 세 가지 질문을 제기해 보겠다. 이 방법을 사용하는 이유는 무엇인가? 정신적인 삶을 탐색하는 데 관심이 있는 청자에게 무엇을 제공할 수 있는가? 목소리의 명확성, 혼란, 격려, 낙담에 관해 알고 싶어 하는 발달심리학자, 임상의, 교육전문가에게 어떤 도움을 줄 수 있는가? 연구 과정에 있는 소녀인 타냐(Tanya, 필명)의 목소리에 귀를 기울이되, 우리는 소녀의 발달에 중요한 순간이라 할 수 있는 12살에서 13살까지 함께 했다는 것에 방점을 두었다. 또한 소녀와 여성(그리고 현재의 가부장제와 남성중심주의 체제에서 말하는 데 어려움을 겪는 사람들)이 표준적인, 즉 암묵적이며 표준적인 목소리를 신체 및 관계적이고 사회적인 맥락에 끼워 넣어버린, 목소리 아닌 목소리를 역설적으로 어떻게 듣고 어떻게 부분적으로 이해할 수 있게 되는지를 드러내는 데 방점을 두었다.

경청으로의 안내

경청으로의 안내가 이루어지기 위해서는 타인과의 다양한 만남이 필요하다. 즉 한 사람이 다른 사람의 이야기를 네 가지의 서로 다른 시간에서 서로 다른 듣기의 방식으로, 또한 다양한 관계의 내러티브를 형성하면서 스스로 다양한 목소리를 '경청'하는 것이다. 우리는 이 네 가지 경청의 방식을 통해 한 사람의 이야기를 받아들임으로써 복잡하게 통합된 이야기, 심리적이고 정략적인 구조를 가진 이야기를 들을 수 있다. 말하자면 경청은 다양한 목소리를 증폭시킨다. 우리는 타자와의 만남을 설명하기 위하여 '경청'이라는 용어를 사용하고 있다. 그런데 우리의 연구는 아동, 청소년, 성인과의 개방형 반임상적 인터뷰를 기반으로 하며, 실지로 인터뷰 테이프를 듣고 그 인터뷰의 녹취록을 읽는 두 가지 방식을 결합하여 사용하였다. 우리는 전사 작업을 통하여 인터뷰 내용 속 목소리를 세밀하게 파악할 수 있었다. 우리는 색연필을 사용하여 각기 다른 목소리를 강조하고 그 통합된 목소리를 기록하였다. 결국 이러한 듣기와 읽기의 방식은 우리가 인터뷰하는 방식, 말하자면 우리가 타자와 관계를 맺고 자아에 귀를 기울이는 방식이 문화 혹은 고정관념에 기인한 메시지와 그 메시지에 대한 저항에 귀를 기울이는 방식에도 영향을 미치게 된다.

따라서 우선 하나의 목소리에 귀를 기울인 후에 다른 목소리에 귀를 기울이게 되면, 청자는 그 자신을 비롯하여 관계에 관한 개인의 경험에 얽혀있는 복잡한 구조를 잘 파악할 수 있게 된다. 사고·감정·행위 등을 범주화하는 데 필요한 부호 체계나 상투적 표현 등의 개인적인 말과 어구의 경우, 그 자체로서는 '살아있는 발화'를 설명하는 데 의미가 없다(Bakhtin, 1981, 276). 살아있는 언어는 살아있는 사람들 간의 관계망 속에서 존재하며, 이러한 관계가 지속되는 사태에서 누군가의 의미는 비로소 명확하게 된다. 인간은 관계 속에서 살아간다는 사실, 그리고 언어는 항상 대화의 맥락 속에서 존재한다는 사실을 수용함으로써, 우리는 이 방법을 통하여 정신적 삶을 구성하는 관계성의 문제를 추적하고 풀어낼 수 있다. 또한 우리는 이 방법을 통해 더 큰 사회문화적 맥락뿐만 아니라 임상적 혹은 연구 환경에서 나오는 이야기를 마주하는 것에 대하여, 그리고 타자와의 관계에 대하여 말할 수 있다.

내러티브를 처음 마주한 청자는 이야기 자체에 주의를 기울인다. 청자의 목표는 그 이야기, 맥락, 누가 무엇을 언제 어디서 왜 등의 서사적 요소를 지니는 극(劇)을 이해하는 것이다(Burke, 1969). 청자는 문학 비평가나 심리 치료사처럼 이야기 속에서 반복되는 단어나 이미지, 주된 비유, 정서적 울림, 모순, 불일치, 수정과 결핍뿐만 아니라 이야기의 인칭 변화, 예컨대 일인칭, 이인칭 또는 삼인칭으로 목소리가 사용되는 것에 대하여 주의를 기울인다. 이렇듯 목소리에 대한 세심한 주의는 청자로 하여금 화자의 내러티브에 속해 있다는 생각을 불러일으킨다. (이 장에서는 편의와 명확성을 위하여 화자와 청자를 여성명사로 표시하고자 한다. 그러나 우리가 제안하는 방법은 남성과 여성 모두가 사용하며, 그리하여 그들은 소녀와 소년 및 여성과 남성의 목소리를 경청하는 것이다.) 더욱이 이러한 경청의 방법은, 청자 자신은 타자의 삶에서 벌어진 사건을 해석할 수 있는 특권을 부여받은 사람이라는 것, 그리고 청자는 이러한 행위의 의미를 고려할 수 있는 사람이라는 것을 되돌아보도록 요청한다. 그 과정에서 청자는 의미에 이름을 붙여 통제하는 힘을 자각하는 것이 중요하다. 청자는 화자와 이야기에 대한 자신의 초기 생각과 감정에 주의를 기울이도록 요청받는다. 청자는 어떤 방식으로 화자와 자신을 동일시하거나 거리두기를 하는가? 청자는 어떤 점에서 화자와 같거나 다른가? 청자는 어느 부분에서 혼란스럽고 당혹스러운가? 그리고 청자는 어느 부분에서 확신에 이르게 되는가? 청자는 그 이야기에 기뻐하거나 속상해하는가? 그리하여 청자는 이러한 생각과 감정이 자신의 이해 · 해석 · 반응에 미치는 영향을 고려해야 한다.

내러티브를 재차 마주하는 청자는 '자아'에 귀를 기울인다. 즉 그 청자는 이야기 속에서 발화하는 '나'의 목소리와 이야기 속의 배우나 주인공으로 등장하는 '나'에게 귀를 기울인다. 자아에 주의를 기울이는 과정에서, 청자는 마치 자기 자신에 관한 말에 귀를 기울이는 것처럼 화자와 관계를 맺거나 관여하게 된다. 청자는 하나의 관계로 진입하는 경험을 하게 되며, 화자를 자신의 용어로 이해하고 화자의 이야기에 지적으로나 감정적으로 반응하기 시작한다. 리치(Rich, 1979a)는 디킨슨(Dickinson)의 작품을 이해하게 되는 자기만의 과정을 묘사하였는데, 그녀는 단순히 하나의 텍스트를 대면한 것이 아니라 자기 자신과 타자의 '마음과 마음'이 서로 맞닥뜨린 것이라고 밝히고 있다. 즉 '그녀는 자신의 내면성과는 다른 권력, 창의력, 고통, 시야 등의 내면성과 면밀하게 접촉하게 된다는 것이다'(Schweickart, 1986, 52). 화자의 말이 청자의 정신세계에 들어왔을 때, 화자의 사고와 감정은 청자의 사고와 감정과 대응하여 서로 연결되기 시작한다. 그리하여 화자는 청자에게 영향을 주고, 청자는 화자와 공유하는 세계, 특히 관계의 세계에 대하여 배우게 되는 것이다.

일단 타인의 목소리가 청자의 정신에 들어오면, 청자는 더 이상 화자와 분리된, 또는 '객관적인' 위치에 있다고 할 수 없다. 청자는 화자의 말에 영향을 받아 다양한 생각을 하게 되거나 슬픔, 행복, 질투, 분노, 지루함, 좌절감, 안정감, 희망 등을 느끼게 된다. 하지만 화자의 말이 청자의 정신으로 들어오면, 청자는 화자의 용어 속으로 들어간다는 느낌을 받는다. 즉 관점이 흐려진다든가 판단력이 약해진다든가 하는 것이 아니라, 관계나 연결을 통해 자아의 내면을 타자에게 열어 내보인다는 것을 의미한다. 그것은 또한 정보를 얻기 위한 경로 혹은 지식에 이르는 길을 창조해 내는 것을 의미한다.

타인의 목소리에 귀를 기울이는 위의 두 가지 방식은 민감하게 응답하는 청자에게 있어서 중요한 방법이며, 따라서 우리가 말하고자 하는 '관계적' 방법의 핵심이다(Brown, Debold, Tappan, and Gilligan, 1991). 이 두 방법은 인터뷰 텍스트에 표현된 청자와 화자의 삶의 역사와 맥락 사이의 관계를 강조하기 위한 것이다. 하지만 슈바익카르트(Schweickart, 1986, 50)의 말을 인용하여 표현하면, 문학 작품을 분석할 때 독자 반응 접근에 따른 비평의 경우에는 페미니즘을 주장하지 않으며, 따라서 '인종, 계급, 성과 관련한 쟁점을 간과하고, 이러한 현실에 수반되는 갈등, 고통, 열정에 관한 단서를 제공해 주지 않는다.' 이 점을 고려하면, 우리가 제안하는 민감하게 응답하는 청자로의 안내는 곧 저항하는 청자로의 안내이며, 그것은 곧 페미니스트의 방식이다. 한 저항하는 독자인 페털리(Fetterley, 1978, xxii)는 다음과 같이 주장한다. '특정 입장을 채택하지 않는 태도'에 대해 질문을 제기하는 바로 그러한 독자는 '다양한 현실과 다양한 시각에 대한 목소리를 제공하고, (…) 오래된 "보편성"에 영향을 미칠 다양한 주관성을 불러일으킴으로써, 결국에는 그러한 태도를 쟁점화한다.'

그러므로 여기서 말하는 '저항하는 청자'는 지배적인 문화의 인습에 반하는 소리에 귀를 기울이고, 그에 대해 명쾌한 조치를 취하는 존재이다. 이 두 행위는 앞서 이 절에서 개략적으로 소개한 '주의 기울이기'의 세 번째와 네 번째 방법에 해당한다. 이 두 경청 방법은 관계적 갈등이 담긴 내러티브에서 반복되는 두 가지의 관계적 목소리에 초점을 두고 있다(Gilligan, 1982; Gilligan and Attanucci, 1988; Gilligan, Ward, and Tayler, 1988; Gilligan and Wiggins, 1987). 이 두 목소리는 관계에 관한 소망과 염려를 각각 다르게 표현하고 있다. 이를테면 사랑하는 것과 사랑받는 것에 대한 소망과 염려, 자신이 경청하는 것과 타인이 경청해 주는 것에 대한 소망과 염려, 자신이 응답하는 것과 타인이 응답해 주는 것에 대한 소망과 염려 등이다. 한편 사람 사이의 평등, 호혜성, 공정성 등에 대한 소망과 염려도 있다. 달리 말하면 이러한 목소리들은 사랑(배려)과 정의(평등과 공정성)에 대해 말한다. 저항하는 청자는 이 두 가지의 목소리를 확인하고, 이러한 관계적 목소리가 여성과 남성 행동의 사회적 인습을 반영할 때 나타나는 목소리를 구별하고자 시도한다. 즉 저항하는 청자는 성에 대한 고정관념으로 인해 그 목소리가 줄어들고 왜곡되거나, 차별, 방치, 종속 또는 억압을 정당화하는 데 사용될 때 나타나는 목소리를 구별하고자 시도한다. 이러한 이유에서 저항하는 청자는 건강하고 자유로우며, 요즘 하는 말로 '동기부여를 해주는' 관계성을 표현하는 존재이다. 저항하는 청자는 사랑과 정의에 관한 인습적 관념에 내재된 취약성을 밝히려고 한다. 여기에서 인습적 관념이라는 것은 '좋은 여성'이라는 이 상적인 여성의 상태를 가리키는 것으로서 자기희생적이거나 자기침 묵적인 행동의 가능성 및 순수성과 완벽함에 대한 욕구, 또는 '진짜 남자'라는 남성으로서 갖추어야 할 이상적인 상태를 가리키는 것으로 서 자기 강화의 가능성 및 통제력과 지배력에 대한 욕구를 의미한다. 저항하는 청자는 이러한 방식의 가부장적이고 남성중심주의적인 논 리에서 벗어나려고 하며, 종래의 통념적인 자아와 관계성의 의미를 '수정'하거나 재정립하려는 투쟁의 공간을 창조하려고 한다.

타냐(Tanya)

이 절에서는 의사 부모를 둔 미국 중서부 지역의 사립 여학교 7 학년에 재학 중인 열두 살 인도계 소녀 타냐를 통해 경청으로의 안내 가 어떻게 적용되는지를 살펴보겠다(Brown and Gilligan, 1990). 앞서 언 급한 경청으로서의 안내에 따른 방법을 적용할 경우, 즉각적인 반응을 보이는 저항하는 청자는 타냐의 경험과 그녀의 관계성에 대해 어떻게 말할 수 있을까? 이제 타냐가 자기 자신에 대하여 그리고 열두 살 나 이의 관계성에 대하여 이야기하는 것을 경청하고, 또 내년이면 열세 살이 되는 그녀가 어떤 방식으로 이야기하는지를 살펴보겠다. 타냐와 의 인터뷰 이야기의 전체 내용은 이 장의 부록에 소개되어 있다. (여기 에서는 청자가 자기해석의 증거를 이해의 흔적으로 남길 수 있도록 워크시트를 사용하고 있다. 타냐의 내러티브에 사용된 워크시트는 1991년에 발행된 Brown, Debold, Tappan, and Gilligan의 공저서의 내용을 재인쇄한 것이다.)

관계적 갈등에 관한 타냐의 이야기를 처음 접했을 때, 우리는 열두 살인 타냐가 성격이 완고하여 타협할 줄 모르는 캠프 가이드와

맞서게 되었으며, 향수병에 걸린 사촌을 대신해 호통을 듣는 것도 감수했다는 이야기를 들었다.

2년 전 캠프에 왔을 때, 저는 여동생과 사촌이 캠프에 같이 오면 좋겠다고 생각했는데, 사촌은 너무 어렸어요. 아마 일곱 살이었던 것 같은데 정말 향수병이 심했죠. 밤새 이어졌으니까요. 밤낮없이 내내 울었어요. 그때 우리 캠프 가이드는 정말 엄한 사람이었는데, 저는 그 가이드를 무서워했어요. 가이드는 "아무도 전화기를 쓰면 안 돼."라고 했어요. 그런데 사촌은 부모님에게 전화를 너무나 걸고 싶어 했거든요. 그래서 결국에는 제가 가이드한테 사촌이 부모님에게 전화를 걸어도 되는지 물어봤어요. 물론 가이드는 저한테 소리칠 테지만 그것 아니면 제가 어떤 것도 할 수 있는 게 없었거든요. 제 사촌이니까 제가 도와줘야죠. 그래서 가이드한테 가서 전화기를 써도 되는지 물어봤더니, 가이드는 이 캠프에서 향수병이 있어서는 안 된다며 일장 연설을 하더군요. 그래서 저는 "죄송해요, 근데 아직 일곱 살이잖아요."라고 말했어요. 사촌은 정말 어렸고, 결국 전화를 할 수 있었어요. 가이드는 캠프 미팅에서 말하기를, "여기 있는 누구도 향수병을 앓아서는 안 돼."라고 하더군요. 물론 사촌의 이름을 말하지는 않았지만, 사촌은 거의 울려고 했어요.

타냐의 이야기는 사촌의 향수병, 캠프 감독의 완고한 태도, 그리고 두려움에도 불구하고 사촌이 부모님에게 전화하는 것을 돕기로 한 그녀의 결심에 관한 것이다. 타냐는 "그때 저는 저 스스로를 구할지, 아니면 사촌을 구할지를 갈등하고 있었어요."라고 간결하게 말하였다. 그녀는 '자신에게 나쁜 일이 일어나지 않을 것'이기 때문에 사촌을 도와주기로 결심하였다. 캠프 감독은 타냐를 윽박지르고 마음에 상처를 줄 수도 있었지만, 타냐는 "그가 저를 때릴 수는 없었어요."라고 말하였다. 타냐는 "사촌이 부모님과 통화할 수 있도록 도와준 건 잘한 일이었어요. 사촌은 막 소리를 지르고 악몽도 꿨거든요. 캠프를 재미있어하지도 않았고, 재미있어 할 수도 없었어요. 거의 아픈 상태였잖아요. 그제야 향수병을 왜 병(病)이라고 하는지를 알았어요."라고 말하였다. 타냐는 "캠프 감독님은 정말 냉정한 사람이라고 생각했어요."라고 말하였다. 그녀는 "자기 자신을 위해서라도 그 결심이 옳았다."라고 말하였다. "그건 상대방이나 다른 사람을 위한 것이 아니라고 생각해요. 그래서 힘들어하는 사촌을 도와주었어요. 캠프 감독은 규칙이 중요하다고는 하지만 규칙보다는 사람이 더 중요하잖아요." 게다가, 타냐는 캠프 감독이 자기모순에 빠져있다고 했다. 캠프 감독은 "우리는 아이들을 도와서 재미있게 지내도록 해줍니다."라고 말했다고 한다. 그러나 타냐는, "사촌은 재미가 없었어요. 캠프의 슬로건과는 완전히 모순된 상황이었어요."라고 말하였다.

관계적 갈등에 관한 타냐의 내러티브를 경청하면서, 우리는 타냐가 여러 국면에서 문제점을 지적하고 있다는 것에 주목하였다. 자기 자신을 구하는 것과 사촌을 구하는 것 사이의 갈등, 사람들과 규칙 사이의 갈등, 자기가 도와줄 수 있는 상황에서 아무것도 하지 않는 것과 무언가를 하는 것 사이의 갈등이 바로 그것이다. 이러한 갈등 상황에서 얽혀있는 관계는 타냐와 그 사촌과의 관계, 타냐와 자기 자신과의 관계, 타냐와 캠프 감독과의 관계, 그리고 사촌과 그 부모의 관계는 물론 타냐의 친구들과의 관계를 포함한다. 당연히 옳은 행동이므로 타냐는 옳은 일을 했다는 것과 타냐의 갈등 경험 사이에는 모순이 있을 가능성도 배제할 수는 없다.

우리는 타냐의 목소리를 수용하는 과정에서 그녀의 이야기에 반응하면서 그녀의 경험과 우리의 경험 사이의 접점 또는 단절 지점을 기록하였다. 청자로서, 우리는 이 이야기를 통해 타냐에 대해 무엇을 알게 되었으며, 그것이 우리의 해석에 어떤 의미가 있는지를 자문하였다. 이러한 접점을 통해서, 우리는 한 사람, 즉 자신이 겪은 갈등에 관하여 이야기하는 타자의 경험을 해석하는, 달리 말해 그것에 '이름을 부여하는' 청자의 강력한 행동에 주목하게 되었다. 타냐의 경우를 두고 말하면, 청자는 여름 캠프에서 겪은 경험을 그녀 스스로가 상기할 수 있도록 해주고, 이를테면 '상담자가 얼마나 강력했는지', 그리고 '제멋대로이고 불공정해 보였던 규칙'에 대해 워크시트에 기재하도록 하였다. 교육적으로 유리한 노동자 가정환경의 백인 여성인 청자는 타냐가 인도인이라는 사실이 스스로의 선택과 관련이 있는지, 또는 어린 사촌을 보호해야 하는 의무감과 관련이 있는지, 또는 타냐의 특권이 그 시스템 안에서의 자신감, 즉 청자 자신이 그 나이대에 느껴보지 못했던 자신감을 제공한 것인지를 질문하였다. 이런 방식으로 청자는 타냐에 관하여 무엇을 알고 있는지, 그리고 그 자신에 관하여 무엇을 알고 있는지에 주의를 기울이고, 그 이야기의 해석에 관한 질문을 제기하였다.

타냐에 대하여 말하기 전에, 타냐가 자기 자신에 대하여 말하는 방식을 기록한 두 번째 이야기를 살펴보고자 한다. 다음은 1인칭 시점에서의 타냐의 이야기이다.

나는 캠프에 갔다. 캠프 가이드가 좀 무섭다. 진짜 무섭다. 내가 어떻게 하느냐에 달려있다. 캠프 가이드가 나한테 소리칠지도 모르지만, 내가 할 수 있는 게 없다. 나는 사촌을 도와줘야만 한다. 그래서 가서 물어보았다. "죄송한데요, 일곱 살밖에 안 되었어요.", "캠프 가이드가 나한테 겁을 줄지도 모르지만, 때리지는 못할 거야." 내가 이렇게 해야만 해. 맞아. 다들 알고 있듯이 내 사촌이고 우리는 친하잖아. 내가 사촌을 도와주거나 나를 위한 것이거나 혹은 도와주지 않거나. (…) 난 너무 무서웠다. 그건 나를 구하는 것 또는 사촌을 구하는 것이었고, 이젠 더 나빠질 것도 없으니까. 캠프 가이드를 다시 볼 일은 없지만, 사촌과는 늘 함께 지낼 거야. 캠프 가이드를 다시는 볼 일은 없지만, 아마 나는 상처받고 캠프 가이드는 나한테 고함칠지도 몰라. 그래, 이제 알겠다. 난 정말 놀랐다. 정말 다행이라고 생각했지만, 정말 기분이 나쁘기도 했다. 일을 저질러 버렸다. 일종의 승리랄까. (…) 뭐가 뭔지는 잘 모르겠다. 그래도 옳은 일이었다는 건 확실해. (…) 내가 해야만 하는 일이야. 쉽게 해낼 수 있을지도 몰라. 그건 내 느낌이 아니고, 캠프 가이드처럼 느끼는 건 아니다. 나는 약간 공감했을 뿐이고 많이 공감한 것은 아니었잖아. (…) 나는 책임을 회피할지도 모르고, "난 캠프 감독한테 찾아가지 않을 거야."라고 해버릴지도 모른다. 어느 정도는 사촌이 비참해할 것 같다고 느껴서, 나는 캠프 감독에게 찾아갔다. 그 이유는 바로 사촌이 스스로 비참하다고 느끼면 나도 비참해질 것 같아서이다.

타냐의 목소리에는 솔직하고 자신감이 있으며 심리적으로 기민하고 예민한 열두 살의 소리가 담겨 있다. 우리는 그녀의 목소리를 통해 사촌과 그녀 자신에 대해 걱정하고, 캠프 감독의 무관심에 분개하며, 그녀의 인식과 판단을 확신하고, 완고하고 단호하다는 흥미로운 관찰을 할 수 있게 되었다. 그녀는 사촌의 향수병에 대한 그녀 자신의 반응과 친구들의 반응 간의 차이를 다음과 같이 언급한다. "사촌의 어려움을 온 힘을 다해 느끼거나 단지 알아보거나 둘 중 하나였어요."

　이 대화 과정의 주제인 타냐가 자신에 대해 말하는 방식에 주목한다면, 우리는 캠프 감독에 대한 그녀의 두려움—그녀는 세 번이나 "나는 그가 두려웠어요."라고 말함—과 그녀가 처한 상황에 대한 그녀의 분명한 목소리를 들을 수 있다. 비록 "남을 괴롭히고 원하는 대로 무엇이든 가질 수 있는" 캠프 감독이 타냐에게 호통을 치더라도, 감독은 그녀에게 신체적으로 가해할 수 없는 상황이었다. 이러한 상황을 알고 있는 타냐는 그녀가 보고 들은 것에 대하여 말하였다. 즉 그녀는 사촌의 명백한 고통을 보았고, 사촌이 밤에 울고 비명을 지르는 소리를 들었다. 자신만의 감각의 증거를 받아들이는 과정에서 타냐의 경험은 자신의 이해로 안내한다. "알고 있듯이, 사촌은 거의 아팠던 것 같아요. 그래서 향수병이라고 부르는 것 같아요." 야단맞을 위험을 무릅쓰고, 즉 캠프 감독의 꾸짖음에도 불구하고 그녀는 마침내 "나는 이것을 해야 한다."라고 결정한 것이다.

　이제 세 번째로 타냐의 사랑과 반응에 관한 감각에 귀를 기울이면, 우리는 사촌을 걱정하는 그녀의 이야기를 듣게 된다.

　　사촌은 정말 어렸어요. 아마 일곱 살이었던 것 같고, 밤새 심각한 향수병을 앓았어요. 밤낮없이 항상 울었어요. 그래서 사촌은 정말로 부모님에게 전화하고 싶어 했고, 제 사촌이니까 도와주어야 하는 것이죠. 그래서 말했어요. "죄송해요. 근데 아직 일곱 살이잖아요." 사촌은 거의 울 것 같았어요. 제 사촌을 위해서는 일단 가서 물어보는 게 맞잖아요. 사촌은 거의 죽으려고 했고, 그래서 아홉 살인 지금도 캠프에 가는 걸 싫어해요. 사촌은 마치 그 당시로 절대 돌아가고 싶지 않아하는 것 같았어요. 캠프 감독이 저에게 윽박지를 수는 있지만, 저를 때리거나 할 수는 없었어요. 그게 사촌의 있는 그대로의 모습이라는 것은 알겠지만, 사촌이 나가도록 도와주어야 할 것 같았어요. 그가 제 사촌이고, 우리는 늘 친하게 지내왔어요. 여기서 저 자신을 구하느냐 사촌을 구하느냐가 갈등이었어요. (…) 저한테는 더 이상 나빠질 것도 없었으니까요. 사촌은 훨씬 나아졌어요. 소리를 지르고 악몽을 꾸곤 했지만, 친구들과 모두 함께 있었거든요. 사촌은 우리에게서 7분간 떨어져 있었고, 저는 사촌과 함께였지만 다시는 캠프 감독을 마주치지 않을 거예요. 자신이 혼자라고 느끼는 때는 위태로운 상태예요. 그 느낌은 신체적인 것도 아니고 다른 누구나 알 수 있는 것도 아니에요. 그건 제가 상처받는 것 같은 느낌이고, 누가 저한테 소리를 지르는 것도 저는 싫어요. 하지만 사촌은 정말 기분이 안 좋았었죠. 거의 아팠다니까요. 사촌의 어려움을 온 힘을 다해 느끼거나 단지 알아보거나 둘 중 하나였어요. 사촌과 캠프 감독을 돕는 것이 캠프의 규칙이었지만, 규칙보다 더 중요한 것은 사람이거든요. 사촌은 어린아이일 뿐이고 재미있게 지내지 못하고 있었어요. 사촌은 정말 저랑 친하지만, 저는 사촌이 어떤 느낌이었는지를 완전하게 알 수는 없었어요. 저는 약간은 공감을 했지만, 그렇게 많이 공감한 건 아니었어요. 사촌은 매우 비참해하였고, 저 역시 어느 정도는 그걸 느꼈어요. 그래서 저는 캠프 감독에게 갔죠. 사촌이 비참해하는 것을 보면서 저 역시 비참함을 느꼈기 때문이지요.

이런 방식으로 귀를 기울임으로써, 우리는 타냐가 사촌과의 관계에 대해 "우리는 늘 친하게 지내왔어요."라고 말하는 것을 듣고, "나는 약간은 공감했지만, 많이 공감한 건 아니었어요. (…) 어느 정도는 그걸 느꼈어요."라고 말하며 사촌의 고통에 반응하려는 타냐의 감정을 알 수 있었다. 사촌의 감정에 집중하고, 또한 사촌의 요구에 반응하려는 타냐의 바람은 자신의 감정과 묶여있는데, 이는 사촌이 불행하면 그녀 역시 그 영향을 받기 때문이다. 하지만 타냐가 명확하게 말하고 있듯이, 사촌은 타냐 자신이 아니기 때문에 사촌의 감정이 타냐의 감정과 똑같지는 않다. 여성의 이상향이라 할 수 있는 사랑과 관련된 이타심과 자기희생이라는 인습적 관념을 은연중에 저항하는 타냐의 배려의 목소리는 독자의 관심을 인간관계와 심리적 과정에 대한 그녀의 앎, 친밀하고 배려 깊은 관찰을 보여주는 앎으로 이끌고 있다. 캠프 감독이 타냐의 사촌이 고통을 받는다는 사실을 인정하지 않았을 때, 그리고 타냐에게 "이 캠프에서 향수병이란 있을 수 없다."라며 일장 연설을 늘어놓았을 때, 우리는 사촌의 고통에 대한 가시적인 징후를 가리키며, "죄송해요, 근데 아직 일곱 살이잖아요."라는 타냐의 저항을 듣게 되었다.

마지막으로 공정함에 대한 감수성과 존중에 대한 바람에 귀를 기울이면서, 우리는 타냐와 그 사촌에게 유세를 떨던 캠프 감독에 대해 타냐가 어떻게 느끼는지를 듣게 되었다.

우리 캠프 가이드는 정말 엄한 사람이었는데, 저는 그 가이드가 너무 무서웠어요. "아무도 전화기를 쓰면 안 돼."라고 말했죠. 근데 우리 사촌은 부모님에게 너무 전화를 걸고 싶어 했어요. 물론 가이드가 저한테 소리칠 테지만 그게 아니면 제가 아무것도 할 수 있는 게 없었어요. 사촌이니까 제가 도와줘야죠. 그래서 제가 가이드에게 가서 전화기를 써도 되냐고 물어보았더니, 가이드는 이 캠프에서 향수병이 있어서는 안 된다며 일장 연설을 늘어놓더군요. 그래서 제가 "죄송해요, 근데 아직 일곱 살이잖아요."라고 말했어요. 가이드는 캠프 미팅에서 "여기서는 그 누구라도 향수병을 앓아서는 안 돼."라고 말했어요. 제 사촌을 위해서 제가 가이드에게 찾아가는 것은 옳은 거잖아요. 그래서 말했죠. '캠프 감독이 나에게 윽박지를 수는 있지만, 나를 때리거나 할 수는 없어'라고 생각했어요. 그게 사촌의 있는 그대로의 모습이라는 것은 알겠지만, 사촌이 나갈 수 있도록 도와주어야 할 것 같았어요. 저는 누가 저한테 소리를 지르는 것도 싫어요. 사촌은 재미있게 지내지 못하고 있었기 때문에 무언가 대처방안을 찾아야만 했어요. 그때는 정말이지 캠프 가이드가 마치 깡패 같아 보였고, 자기 마음대로 다하는 것 같았죠. 그것을 받아들이는 것은 일종의 굴복과도 같았어요. 가이드는 계속해서 규칙을 강요했고, "그래, 하지만……." 하면서 일장 연설을 시작했어요. 그래도 저는 제 사촌을 위해 무언가를 해냈고, 일종의 행복한 승리인 셈이죠. 아무리 규칙이 있다 할지라도 사람이 규칙보다 중요하잖아요. 캠프 인솔자들은 "자, 우리는 아이들을 도와서 재미있게 지내도록 해줍니다."라고 하지만, 그 전체 슬로건에 모순되는 상황으로 인해 제 사촌은 전혀 재미있게 지내지 못했어요.

타냐는, 캠프 감독이 "우리는 아이들을 도와서 재미있게 지내도록 해줍니다."라고 말하는 상황의 부조리함, 그리고 사촌이 "전혀 재미있게 지내지 못하고 그 대가를 톡톡히 치렀다."는 사실을 동시에 지적하면서, 경험에 기반하여 추론하고 있다. 또한 그녀는 캠프 감독이 일곱 살 아이의 비참함보다도 자기들의 평판에 신경을 쓰고 있다는 사실, 그리고 '자신이 원하는 바가 무엇이든 지시할 수 있다'는 방침으로 어린아이를 끌어들였다는 사실 또한 강압적인 것으로 추론하고 있다. 타냐는 이해하기 복잡한 캠프 규칙을 관계적 질서 유지를 위한 구조로 제시한다. 그녀는 평판에 신경 쓰는 캠프 감독이 '하나의 규칙, 그것도 자신이 위반할 수 없다고 생각되는 규칙'에 좌우된다고 보았다. 다시 말하여 그녀는 규칙과 기준의 내면화 문제에 관하여 심리학적으로 예리하게 논평하고 있다. 또한 그녀는 캠프 감독이 윽박지를 수 있고 자신에게 마음의 상처를 줄 수도 있지만, "그는 저를 때리거나 할 수는 없잖아요."라고 말하고 있는데, 이는 타냐가 사법 체계의 보호력에 대한 믿음을 넌지시 내비치는 것이다. 그리고 그녀는 예외 없이 규칙을 적용한 '냉정한' 캠프 감독과 같은 억압적인 권위에 대하여 다음과 같이 단호하게 대항한다. "사람이 규칙보다 중요해요."

청자로서의 우리는, 타냐로서는 알 수도, 볼 수도, 들을 수도 없는 압력에 직면하여 관계성에 대한 그녀 자신의 앎을 유지하는 용기와 능력뿐만 아니라, 자신의 사고와 감정의 명료성 그리고 사회에 대한 정교한 지식에 깊은 인상을 받았다. 타냐는 사촌을 위해 결심하고 행동한 것에 대하여 다음과 같이 말하고 있다. "그건 제 느낌이 아니라 사촌의 느낌이었죠. 그런데 사촌이 저와 정말 친하기는 하지만, 사촌이 느낀 그대로를 제가 똑같이 느낄 수는 없어요. 그리고 저는 약간은 공감했지만, 그렇게 많이 공감한 건 아니에요. 사촌은 너무 비참했고, 저 역시 거의 사촌처럼 느꼈어요. 사촌을 비참한 상태 그대로 내버려 둔다면, 저 역시 비참함을 느꼈을 거예요." 여기에서 타냐는 아동 발달에 관한 대다수의 설명과는 달리, 열두 살 정도의 발달 수준으로서는 놀라운 특징을 보여주고 있다. 그것은 바로 타인의 감정을 느끼는 것으로서의 공감을 경험하고 있다는 점, 그리고 타인의 감정을 마치 자신의 감정처럼 반응하고 있다는 점이다.

이러한 공감과 반응의 방법을 사용하여 열세 살이 된 타냐의 이야기를 경청하여(비록 지면의 제한으로 인해 여기에서는 축약된 상태로 제시하였지만), 우리는 타냐가 겪은 관계적 갈등에 관한 매우 다른 이야기를 들을 수 있었다. 타냐는 우리에게 자기가 의도하지 않았고 바라지도 않았던 상황에 갇힌 느낌에 관한 이야기를 들려주었다. 그녀는 자기만의 내러티브로 그 갈등을 묘사한다. "제 친구가 한 명 있어요. 아마 제 절친 중 하나였다고도 말할 수 있어요. 그런데 반 애들 모두가 그 애를 싫어하는 상황이어서, 저는 그 친구에게 좀처럼 먼저 말을 걸지 않아요. 다시 말하면 저는 그 친구를 좋아하지 않는 거예요." 타냐는 다음과 같이 갈등 상황을 이어갔다. "저는 그 친구를 좋아하지 않아요. 정말이지 싫어해요. 그런데 잘 대해주기는 해야 하니, 도대체 어떻게 해야 할지를 모르겠어요."

타냐의 목소리 변화에 놀란 우리는 이 관계적 드라마에서 타냐가 스스로에 대하여 말하는 방식에 귀를 기울여 두 번째 이야기를 듣게 되었다. 우리는 이제 "그 친구가 상처받을 것 같아서, 저는 그 친구에게 한마디도 하지 않았어요. 그래서 도대체 어떻게 해야 할지를 모르겠어요."라고 하는 타냐의 양가적인 감정을 접하게 되었다. 또한 우리는 타냐가 "설마, 이게 저예요?"라고 하며 자기 말을 철회하는 것을 듣기도 하였다. 우리는 타냐가 자신의 감정과 생각, 그리고 알 수 있는 것과 말할 수 있는 것에 대해 놀라면서 "모르겠어요."라는 말을 갑자기 많이 사용하는 것을 접하게 되었다.

사랑과 정의라는 관계적 목소리에 귀를 기울이게 되면, 우리는 이른바 허위 관계와 비슷한 것을 듣게 된다. 그 관계는 '친구', 친구의 엄마와 언니와 같은 모든 친구라면 누구도 상처받거나 화나게 하지 않으려는 타냐의 소망에 기반을 두고 있다. 타냐는 자신의 감정에 대해 말하기를 어려워하며, 마치 사랑하지 않는 사람과 '결혼한 것'과 같은 거짓되고 '숨 막히는' 답답함을 묘사한다. 말할 수 없고, 소리를 낼 수 없으며, 따라서 관계에서 멀어진 그녀의 감정과 사고는 균형감을 잃어버렸고, 결국에는 타인과의 관계를 맺는 것이 불가능해 보이기까지 했다. 이제 타냐가 말하고자 하는 것, 즉 "난 네가 싫어. 나좀 혼자 내버려 둬."라는 말이 그녀에게 있어서는 말로 표현할 수 없는 것이 되었다. 타냐가 공개적으로 원하는 것은 갈등을 끝내는 것이다. 자신과 자신이 아는 것을 명확하게 말하고, 경험으로 아는 것과 권위자가 말하는 것을 구분했던 열두 살 때와는 달리, 이제 타냐는 문화의 인습적이고 권위적인 목소리를 받아들이고 자신을 완벽하게 배려하는 소녀로서의 이미지에 끼워 맞추려고 하는 것처럼 보였다. 타냐는 자기와 '친구' 둘 다 이러한 이데올로기적 형태의 관계에서 고통받고 있다는 자신의 경험적 증거를 제시하면서, 이제는 자신의 사고와 감정에 권위를 부여하고, 심지어 그것을 확인하려고 애쓰고 있다. 사실 시간이 지나면서 타냐의 목소리가 이렇게 변하게 된 것은 목소리의 상실, 자기권위를 위한 노력, 그리고 현실에서 이데올로기적인 관계로의 전환의 전형적인 사례이다. 이러한 전환은 우리가 귀를 기울여온 아동기 및 청소년기 소녀들에게서 특징적으로 나타난다 (Brown, 1989, 출판 중 a, b; Brown and Gilligan, 1990; Gilligan, 1990).

우리는 '경청으로의 안내'를 통해 한 사람이 타인의 경험을 해석하고 그 해석에 '이름을 부여하는' 강력한 행동뿐만 아니라, 심리학자에게 자신의 삶에 관한 이야기들 들려주는 사람의 행동이 지니는 의미에 주목하게 된다. 심리학에서 관계적 실천은 목소리 또는 텍스트를 개정 혹은 수정하는 식의 해석 차원을 넘어선다. 사실 그러한 해석은 대화의 시작, 질문을 만드는 청자의 최초 움직임, 그리고 궁극적으로는 사람들이 주고받는 대화 속, 타인의 이야기를 경청하는 관계성이 수반되어야 한다. 우리는 연구의 대상 또는 치료받고 재판받고 검사받고 평가받는 사람들에 초점을 맞추기보다는, 오히려 청자와 화자 모두 자신의 사고와 감정에 권위를 부여할 수 있는 진정한 관계에 대하여 말할 수 있어야 한다. 즉 부분적으로 형성된 사고와 강한 감정을 표현하고 경청할 수 있는 가능한 한 개방적이고 상호적인 관계에 대하여 말할 수 있어야 한다. 목소리의 다성성을 허용하고 장려하는 방법을 만들어가는 심리학의 관계적 실천에서, 우리는 누군가의 목소리가 나의 목소리와 불협화음을 낸다고 해서 그 목소리를 잘라내거나 도용할 수 없다. 의견 일치나 동의를 종용하지 않고 다양성을 추구하는 과정에서, 우리는 우리가 연구하는 사람과 거짓된 관계가 아닌 진실한 관계를 맺을 수 있다는 가능성을 열어주어야 한다.

우리는 타냐와 5년 동안의 공식적인 인터뷰의 여정을 밟으면서 대화를 주고받았다. 그동안 우리는 타냐 자신에 관한, 그리고 자신의 관계에 관한 이야기의 변화를 경청하고 해석하고 기록하였다. 그 이후로도 타냐와 우리의 대화는 여전히 현재 진행형이다. 타냐와 우리의 관계는 점점 변화를 겪으며 대화의 진전을 이루고 있다. 우리는 타냐를 통해 배움을 얻었고, 타냐 역시 우리를 통해 배움을 얻었다. 우리는 이 연구에 대하여 함께 논의해 보기 위해 하루 동안 이루어진 타냐의 11학년 학급 묵상 활동에 참여하였다. 이 과정에서 우리는 인터뷰를 정리한 논문(Brown and Gilligan, 1990)에 관하여 타냐와 이야기를 나누었으며, 그 후 우리는 타냐로부터 한 통의 편지를 받았다. "처음에 저는 제가 노출된다는 무력한 느낌에 어쩔 줄 몰랐어요.", "5년 동안의 인터뷰에서 말한 것이 중요하다고 생각해 본 적이 한 번도 없었기 때문에, 저는 많이 놀랐어요. (…) 제 목소리가 말로 인용되는 것을 보면서 기분이 묘했어요."

그 이후로, 우리는 타냐의 삶의 변화 과정에 대한 우리의 해석을 소재로 이야기를 나누었다. 타냐는 열다섯 살 때 "나는 누구인가?"라는 수필을 쓰라는 요청을 받고 크게 당황했다고 말하였다. 왜냐하면 그녀 스스로가 누구인지 모른다는 사실을 깨달았기 때문이다. 타냐는 '완벽한 소녀라는 환상'과 '허위 관점'이라는 해석(그녀가 자신에 대한 감정을 떠올렸던 부분)에 불만스러워하면서, 자신의 '숨겨진' '내면의 목소리'를 다음과 같이 말하였다. "제가 믿는 바를 지지하던 목소리는 저의 내면 깊숙이 묻혀있었어요."

타냐의 관계적 세계는 시간이 흐르면서 어두워지는 듯했다. 그러나 그녀의 회복력, 명확하게 들리는 결단력, 통찰력, 여성에게 바라는 인습적 이상향과 고군분투하는 모습을 보면서, 우리는 모두 놀람을 금치 못하였다. "저는 스스로 진정으로 유능한 인간이 되는 걸 방해받으면서까지 '완벽한 소녀'의 이미지를 갖고 싶지 않아요. 그렇지만 여전히 멋져 보였으면 좋겠고, 그 어떤 문제도 일으키고 싶지 않아요."

결론

　우리는 관계적 실천이자 저항적 실천인 심리학적 실천의 핵심이라고 생각되는 목소리에 관한 네 가지 질문으로 이 장을 시작하였다. ①누구의 목소리인가?, ②어떤 신체에서 발화된 목소리인가?, ③어떤 관계에 관한 이야기를 담고 있는 목소리인가(그 이야기는 누구의 관점에서, 어떤 시점에서 이루어진 것인가)?, ④어떤 사회문화적 체제에 속한 목소리인가? 우리는 그러한 심리학적 실천에 중심이 되는 관계적 방법, 즉 경청을 도입하였다. 경청은 네 개의 질문에 응답하고, 말하는 사람의 특정 목소리에 주의를 기울이고, 그 사람이 스스로에 대해 어떻게 말하는지를 묻고, 성에 대한 고정관념, 여타의 규범과 가치를 전달하는 인습의 목소리를 친밀감이나 연결에 대한 사람들의 열망과 공정과 존중에 따라 대우받고자 하는 강렬한 소망을 전달하는 관계적 목소리를 구분한다. 우리는 이 방법을 사용하여 자신과의 관계에 관한 열두 살, 열세 살인 타냐의 이야기를 경청하였다. 결국 우리는 자신의 목소리를 억누르거나, 자신의 사고와 감정을 묻어버리지 않으려는, 그리고 타인과 거짓된 관계보다는 진실하고 진정한 관계를 갖고자 하는 타냐의 소망으로 끝맺음을 하였다.

　문학 이론, 페미니스트 문학 비평가의 통찰, 그리고 정신역학적 과정에 관한 임상적 통찰을 바탕으로 하는 관계의 심리학—즉 목소리로 표현되고 공감을 불러일으키는 저항의 심리학—은 인간 삶의 관계적 성격을 표현하는 방법을 제시한다. 하지만 텍스트를 해석하는 문학비평가로서가 아니라 사람을 연구하는 심리학자로서, 우리는 타냐가 열두 살에서 열세 살로 넘어감에 따라, 한때 그녀에게 그렇게 단순하고 진실했던 관계성 속에서 자신이 느끼고 생각하는 것에 대해 말하는 것이 왜 그렇게 어려움과 위험으로 가득한 것인지를 질문해야 했다. 우리가 줄곧 살펴보았듯이, 타냐는 자신의 목소리를 약화시키거나 자신의 지식을 묻어버리는 권위와 인습에 직면하여 자신의 경험을 지키기 위해 애쓰고 있었다. 달리 말하여 타냐는 자신이 알고 있는 것을 이해하고 자신의 목소리로 말하며, 자신의 지식을 자신이 살아가고 있는 세계에 적용하려 애쓰고 있다. 한때 소녀였던 여성 심리학자로서, 우리는 관계와 감정에 대하여, 정신과 신체에 대하여, 정략적이고 사회적인 현실에 대하여 우리가 알고 있는 것을 지키기 위하여, 그것도 목소리를 하찮게 대우하고 묵살하고 평가 절하하는 문화 속에서 지키기 위하여 애쓰고 있다. 그렇게 함으로써 우리는 우리의 권위와 힘을 사용하여 소녀와 여성의 목소리가 경청의 대상이 되고 관계에 공개적으로 참여하는 대상이 되기를 기대한다. 달리 말하여 소녀와 여성의 목소리는 정신적 저항과 같은 좀먹는 고통, 알고자 하지 않는 것, 그러한 지식이 관계를 위험에 빠뜨리고 생존을 위협할 것이라는 두려움을 양산하는 침묵과 결탁할 것이 아니라, 정치적 저항이라는 열린 문제, 자신이 아는 것을 알아야 한다는 주장, 알고 있는 것을 거침없이 말하고자 하는 의지를 북돋아야 한다.

📝 부록: 타냐(Tanya, 12살)의 인터뷰 이야기

진행자: 도덕적 갈등을 마주하고 결정을 내려야 했지만, 어떻게 해야 할지 확신이 서지 않았던 상황을 말해주겠니?

타 냐: 캠프에 갔을 때, 여동생과 사촌과 함께였는데 사촌은 정말 어렸어요. 아마 일곱 살이었고 향수병을 심하게 앓고 있었죠. 밤새도록요. 그리고 사촌은 밤낮으로 울어댔어요. 캠프 가이드는 무척이나 엄해서 아마 2년 전이었으면 정말 제가 무서워했을 거예요. 캠프 가이드는 "아무도 전화기를 쓰면 안 돼."라고 말했고, 사촌은 부모님에게 전화를 매우 걸고 싶어 했어요.

진행자: 그랬구나.

타 냐: 그 가이드한테 가서 부탁하는 건 저의 몫이었죠. 그래서 가이드가 저에게 고함치거나 저에게 어떤 조치도 할 수 없거나 둘 중 하나였어요. 그렇지만 제 사촌이고 저는 사촌을 도와야만 했죠. 그래서 가이드에게 가서 전화기를 써도 되냐고 물어보았고, 가이드는 저에게 이 캠프에서는 향수병이란 게 있어서는 안 된다며 일장 연설을 하기 시작했죠. 그때 제가 "죄송해요. 하지만 이제 겨우 일곱 살인걸요."라고 말했어요.

진행자: 그래.

타 냐: 사촌은 정말 어렸고, 결국에는 전화를 걸었어요. 나중에 캠프 미팅을 했을 때 가이드가 "여기에 있는 그 누구도 향수병에 걸려서는 안 돼."라고 말하기 시작했어요. 물론 가이드는 제 사촌의 이름을

말하지는 않았지만, 사촌은 거의 울기 일보 직전이었죠.

진행자: 세상에, 가이드가 그런 말을 할 때 사촌은 그 자리에 있었니? 거
참 딱하구나.

타　냐: 네, 정말 짓궂은 상황이었죠.

진행자: 이런 상황에서 넌 캠프 담당자가 전화기를 사용하지 못한다는 방침
을 따라야 한다는 걸 알고 있었는 데도 불구하고 사촌을 도우려고
했구나. 네가 해야 할 일을 생각할 때 어떤 점을 고려한 거니?

타　냐: 음, 일단은 옳고 그름이요.

진행자: 응.

타　냐: 제 사촌은 착하잖아요. 그래서 제가 가는 게 옳은 일이라 생각했어요.

진행자: 흠.

타　냐: 그리고 사촌은 지금 아홉 살인데, 죽으러 가는 것도 아닌데 캠프 생
활 자체를 두려워해요.

진행자: 그렇구나.

타　냐: 게다가 예전 일을 떠올리고 싶지 않아 해요.

진행자: 음.

타　냐: 그래서 제가 말했죠, "캠프 가이드가 나에게 윽박지를 수도 있지만
때리거나 할 수는 없어."

진행자: 맞아.

타　냐: 그게 사촌의 있는 모습 그대로라는 것을 알지만, 전 이렇게 해야만
했어요. 그러니까 그건 잘못된 (…) 사촌은 아니라고 말하겠지만,
물어본다고 해서 다치는 건 아니거든요.

진행자: 응. 그래서 두 가지 선택 중 하나를 결정할 때 어떤 갈등이 있었니?

타　냐: 캠프 기간 내내 사촌을 그냥 내버려 두던가, 제가 사촌을 도와주던
가 이죠.

진행자: 음.

타 냐: 아니면 사촌이 원하는 대로 집에 가도록 하거나.

진행자: 그래.

타 냐: 그렇지만 사촌이 집에 돌아가지 못하는 건 뻔하니까, 엄마와 통화라도 하면 기분이 나아질 것 같았어요.

진행자: 맞아.

타 냐: 갈등은 그거예요. 그 애는 제 사촌이고 우리는 항상 친하게 지내왔는데, 제가 사촌을 도와주거나 도와주지 않거나 둘 중 하나이죠. 저는 캠프 가이드가 정말 무서웠어요. 그렇지만 사촌을 도와주는 것은 저 자신을 구하는 것이고 또한 사촌을 구하는 것이에요.

진행자: 맞아.

타 냐: 딱히 나쁜 일이 저한테 일어나지는 않을 것이라 예상했어요.

진행자: 그렇지.

타 냐: 그래서 저는 사촌이 부모님이랑 통화하도록 해주는 게 가치 있는 일이라는 걸 깨달았어요.

진행자: 넌 그게 옳은 일이라고 생각한 거야?

타 냐: 네.

진행자: 왜?

타 냐: 왜냐구요? 캠프 가이드가 우리한테 짓궂게 일장 연설을 했음에도 불구하고 전화기를 쓸 수 있게 해주어 사촌은 기분이 많이 나아졌어요. 사촌이 자기 친구들과 늘 함께 있으면서도 소리를 지르고 악몽을 꿀 정도로 상태가 나빴기 때문에, 캠프 가이드가 사촌에게 전화기를 사용할 수 있도록 해준 것 같아요. 그렇지만 다음번에 그 캠프에 다시 간다고 해도, 저는 그 캠프 가이드를 다시는 보고 싶

지 않아요. 저와 사촌은 7분 거리에 살고 있지만, 그 캠프에 다시 간다고 해도, 그 캠프 가이드를 보고 싶지는 않아요.

진행자: 그래, 알겠어. 그런 이유라면, 너는 사촌을 보러 계속해서 갈 거였 잖아.

타　냐: 네, 그래서……

진행자: 그래. 그럼 너는 어떤 갈등에 처해 있니?

타　냐: 대개 자아 같은 거 있잖아요. 육체적인 것도 아니고 다른 누구도 볼 수 없는 거요. 제 마음이 상처받고 누군가 저한테 소리치고, 그래 서……

진행자: 알겠어. 음, 그럼 연관된 다른 사람들은 어떤 점에서 딱한 상태인 걸까?

타　냐: 캠프 감독은 별다른 것이 없지만, 제 사촌은 기분이 훨씬 좋아졌잖 아요.

진행자: 음.

타　냐: 사촌은 정말 기분이 안 좋았거든요. 재미있게 지내지도 못했고, 그 럴 수도 없었어요. 그래서 무언가를 해야 했고, 진짜 상태가 나빴어 요. 거의 아팠잖아요. 왜 향수병을 병이라고 하는지 알겠더라니까 요.

진행자: 맞아, 그럼 넌 그 캠프 감독은 왜 딱한 상태가 아니라고 생각하는 거지?

타　냐: 왜냐하면 그때 캠프 감독은 커다란 깡패 같았고, 자기가 원하는 대 로 뭐든지 할 수 있었으니까요. 물론 저는 그대로 따르지 않았고, 제 생각에는 캠프 감독이 꽤 봐준 것 같아요.

진행자: 아.

타 냐: 캠프 감독의 행동을 볼 때, 제가 생각하기 전에 그는 이미 무언가를 생각하고 있었던 것 같아요. 하지만 절대 깨지 않는 규칙이라면서 자기 평판을 계속 내세우면서도 캠프 감독이 전화기를 쓰게 해줬을 때 저는 정말 놀랐어요. 근데 "좋아, 하지만"이라고 하면서 일장 연설을 시작했죠.

진행자: 그랬구나. 그럼 그때는 어떤 느낌이었니?

타 냐: 제가 어떤 느낌이었냐구요?

진행자: 응.

타 냐: 저는 기분이 좋았는데, 캠프 감독이 미팅 자리에서 이 이야기를 했을 때는 정말 기분이 나빠졌죠.

진행자: 아.

타 냐: 그렇지만 사촌을 위해서 무언가를 해주었기 때문에 일종의 승리라고 볼 수 있어요. 캠프 감독을 이겼으니까 행복하다, 뭐 이런 거요.

진행자: 그래. 다음 날에 캠프 감독이 소름 끼치게 행동해도 그랬을까?

타 냐: 네.

진행자: 다른 사람의 관점에서 봤을 때 그 문제를 다르게 볼 수도 있었을까?

타 냐: 네, 그럴 것 같아요. 저는 그게 뭔지는 모르지만, 캠프 감독은 다른 관점으로 봤겠죠. 아마 "아이들은 항상 향수병에 걸리니까 어찌 되었든 죽지는 않겠지."라고 말했을 겁니다. 캠프 감독은 아이가 아니잖아요.

진행자: 맞아.

타 냐: 그래서 캠프 감독은 사촌이나 저와는 전혀 다른 관점으로 본 거죠.

진행자: 음.

타 냐: 아마 제 친구들이 이 일을 알게 된다면, "나도 이해는 하는데, 그건

아니지. 왜 계속 울고 있대?"라고 말하겠죠.

진행자: 그래.

타　냐: 마치 그걸 항상 느끼거나 그걸 알아채거나 둘 중 하나 아닐까요?

진행자: 그렇지, 맞아. 캠프 감독은 그 둘 중 하나도 안 한 것 같구나.

타　냐: 저도 알아요, 정말 냉정한 사람이었죠.

진행자: 응, 맞아. 그럼 너는 그 갈등을 다시 생각하면서 배운 것이 있었니?

타　냐: 네, 그게 옳은 일이었다는 건 확실해요.

진행자: 네가 옳았다는 게 확실하다고?

타　냐: 아니, 그 결심이 옳았잖아요.

진행자: 왜 옳았을까?

타　냐: 왜냐하면 그건 저를 위한 것이었잖아요. 진행자님이나 다른 사람을 위한 것이 아니라, 사촌과 캠프 감독을 도와주는 것이었잖아요. 규칙은 있지만, 사람이 규칙보다 더 중요한 것이니까요. 사촌은 어린 아이일 뿐인데, 캠프 감독은 "음, 우리는 아이들을 도와주기 위해 여기에 있는 것입니다. 재미있게 지내세요."라고 말하지만, 사촌은 재미있게 지내지도 못했고, 캠프 감독은 전체 슬로건에 모순된 말과 행동을 했다구요.

진행자: 그래.

타　냐: 진행자님도 아시잖아요.

진행자: 맞아.

타　냐: 아마 진행자님이 다른 사람한테 물어본다면 아마 이렇게 말할 거예요, "오 그게 옳아요."라고. 하지만 진행자님은 당연히 "나는 그 이유를 잘 모르겠군요. 그렇죠?"라고 말할 거예요.

진행자: 그런데 너는 그게 옳다고 느꼈니?

타　냐: 네, 그게 옳다고 느꼈어요.

진행자: 네가 말한 이 상황들이 도덕적인 문제라고 생각하니?

타　냐: 그게 뭐예요?

진행자: 음, 네가 내 말을 그대로 받아들일 것 같아서 내가 정의를 내리고 싶지는 않구나. 하지만 맞아. 이렇게 말해볼게. 넌 도덕성이 뭐라고 생각하니? 이 단어가 어떤 뜻인 것 같니?

타　냐: 도덕성이요? 음, 아마도 사람과 관련 있을 것 같아요. 아, 지난번 국어 시간에 배웠어요.

진행자: (웃으며) 그렇구나.

타　냐: 음, 도덕성은 말이죠. 옳고 그름 사이의 차이 같은 거죠. 경험이 별로 없거나 사건을 별로 겪어보지 않았을 때, 결국에는 옳은 걸 선택하는 거죠. 일이 옳게 풀릴 것이라고 마음 깊이 생각하는 것, 자기나 다른 사람을 도와주는 것, 어떤 결심을 두고 갈등이 있을 때 아무거나 선택하지 않도록 삶을 더 쉽게 만드는 것이라고 생각해요.

진행자: 그래, 그럼 너한테 있어서 도덕적인 문제가 무엇인지 물어봐도 되겠니? 넌 도덕적 문제가 뭐 때문에 생긴다고 생각하니?

타　냐: 아마도 사람들이나 친구들 혹은 강아지나 다른 무엇과도 관련된 것이겠죠. 옳음과 그름의 차이를 알고 있지만 어떤 일을 좀 더 쉽게 해결하고자 할 때, 우리가 게을러질 때는 그른 일을 택하는 게 좀 더 쉬울 것이고 그게 결심이죠.

진행자: 그래. 너는 사촌과 캠프 감독과의 이야기에서 너한테 도덕적인 문제라고 할 만한 것이 있었다고 생각하니?

타　냐: 네, 그건 저의 느낌이 아니라 사촌의 느낌이니까, 저는 그 일을 쉽게 회피할 수 있었을 거예요. 사촌과 저는 매우 친한 사이이긴 하지만 사촌이 느끼는 것을 제가 그대로 느낄 수는 없었고, 약간은 공감했지만 그렇다고 완전히 공감할 수는 없었어요. 그래서 그 일을 회피하거나, "난 캠프 감독한테 부탁하러 가지 않을 거야. 네가 직접 해."라고 사촌에게 말할 수도 있었어요. 하지만 사촌은 무척이나 비참해했고 저는 어느 정도 그 감정을 느꼈기 때문에, 결국 캠프 감독에게 찾아갔죠. 왜냐하면 사촌이 비참해지면 저 역시 비참해지게 되거든요.

진행자: 맞아, 왜 안 그렇겠니.

📖 참고문헌

Bakhtin, M. M. *The Dialogic Imagination.* (C. Emerson and M. Holquist, trans.) Austin: University of Texas Press, 1981.

Brown, L. M. "Narratives of Relationship: The Development of a Care Voice in Girls Ages 7 to 16". Unpublished doctoral dissertation, Graduate School of Education, Harvard University, 1989.

Brown, L. M. "A Problem of Vision: The Development of Voice and Relational Knowledge in Girls Ages 7 to 16." *Women's Studies Quarterly*, in press a.

Brown, L. M. "Telling a Girl's Life: Self−Authorization as a Form of Resistance." *Women and Therapy*, in press b.

Brown, L. M., Argyris, D., Attanucci, J., Bardige, B., Gilligan, C., Johnston, K., Miller, B., Osborne, R, Tappan, M. B., Ward, J., Wiggins, G., and Wilcox. D. *A Guide to Narratives of Conflict and Choice for self and Relational Voice.* Monograph No. 1. Cambridge, Mass.: Project on Women's Psychology and Girls' Development, Harvard Graduate School of Education, 1988.

Brown, L. M., Debold, E., Tappan, M. B., and Gilligan, C. "Reading Narratives of Conflict and Choice for Self and Moral Voice: A

Relational Method." In W. Kunines and J. Gewirtz (eds.), *Handbook of Moral Behavior and Development: Theory, Research, and Application.* Hillsdale. NJ.: Erlbaum, 1991.

Brown. L. M., and Gilligan, C. "The Psychology of Women and the Development of Girls." Paper presented at the biennial meetings of the Society for Research on Adolescence, Atlanta, Georgia, March 1990.

Brown, L. M., Tappan, M. B., Gilligan, C., Miller, B., and Argyris, D. "Reading for Self and Moral Voice: A Method for Interpreting Narratives of Real−Life Moral Conflict and Choice." In M. J. Packer and R. Addison (eds.), *Entering the Circle: Hermeneutic Investigation in Psychology.* Albany: State University of New York Press, 1989.

Burke, K. *A Grammar of Motives.* Berkeley and Los Angels: University of California Press, 1969.

Fetterley, J. *The Resisting Reader: A Feminist Approach to American Fiction.* Bloomington: Indiana University Press, 1978.

Gilligan, C. *In a Different Voice: Psychological Theory and Women's Development.* Cambridge, Mass.: Harvard University Press. 1982.

Gilligan, C. "Joining the Resistance: Psychology, Politics, Girls, and Women." *Michigan Quarterly Review,* 1990, 29, 501−536.

Gilligan, C., and Attanucci, J. "Two Moral Orientations: Gender Differences and Similarities." *Merrill−Palmer Quarterly,* 1988, 34, 223−237.

Gilligan, C., Brown, L. M., and Rogers. A. "Psyche Embedded A Place for Body, Relationships, and Culture in Personality Theory." In A Rabin, R. Zucker, R Emmons, and S. Frank (eds.), *Studying Persons and Lives*. New York Springer, 1990.

Gilligan, C., Ward, J., and Taylor, J. (eds.). *Mapping the Moral Domain*. Cambridge, Mass.: Harvard University Press, 1988.

Gilligan, C., and Wiggins, G. "The Origins of Morality in Early Childhood Relationships." In J. Kagan and S. Lamb (eds.), *The Emergency of Morality in Young Children*. Chicago: University of Chicago Press. 1987.

Millett, K. *Sexual Politics*. Garden City, N. J.: Doubleday, 1970.

Rich, A. "Vesuvius at Home: The Power of Emily Dickinson." In A. Rich, *On Lies, Secrets, and Silence*. New York: Norton, 1979a.

Rich, A. "When we dead Awaken: Writing as Re−Vision." In A. Rich, *On Lies, Secrets, and Silence*. New York: Norton, 1979b.

Rogers, A, and Gilligan, C. *Translating the Language of Adolescent Girls: Themes of Moral Voice and Stages of Ego Development*. Monograph No. 6. Cambridge, Mass.: Project on Women's Psychology and Girls' Development, Harvard Graduate School of Education, 1988.

Schweickart, P. "Reading Ourselves: Toward a Feminist Theory of Reading." In E. Flynn and P. Schweickart (eds.), *Gender and Reading: Essays on Readers, Texts, and Contexts*. Baltimore, Md.: Johns Hopkins University Press, 1986.

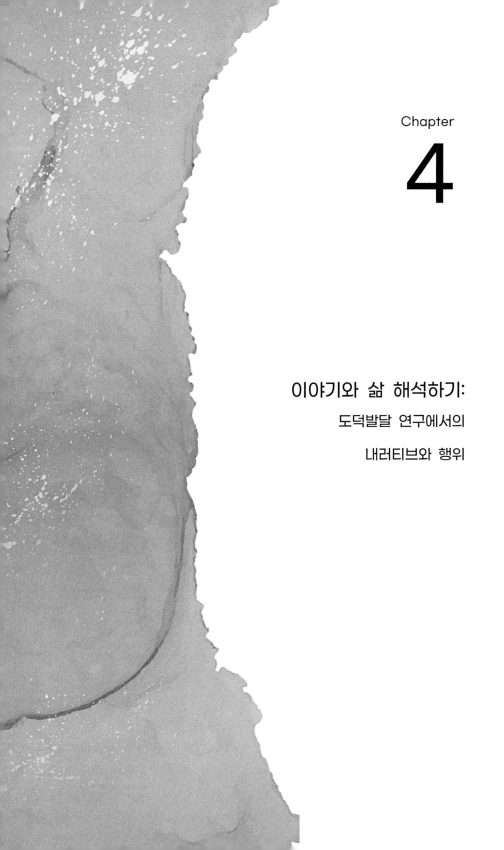

이야기와 삶 해석하기:
도덕발달 연구에서의
내러티브와 행위

'내러티브 해석학'이 복잡하고 사회적으로 통용되며 조직된 방식으로 자신의 세계를 이해하는 방법, 그리고 연구자로서 우리가 타인을 적극적으로 이해하며 해석하는 방법을 보여준다면, '행위 해석학'은 세계에 대해 아는 것이 세계에 주요하게 참여하는 것이라는, 중독이라고 말해도 좋을 믿음의 극복이 필요함을 보여 준다.

Martin J. Packer | Duquesne University

　　5살 난 유치원생 앤(Ann)은 친구가 후프 뛰어넘기 놀이에서 자기 차례가 되었는데도 끼워주지 않자 화가 나서 선생님에게 다음과 같은 간단한 즉흥 내러티브를 하였다. "그거 아세요? 음, 제가 먼저 말했고, 라우리(Laurie)가 방금 와서 말했거든요. 그런데 캐스린(Kathryn)은 제가 먼저 물어봤기 때문에 라우리가 다음 차례라고 말했어요."

　　여기에는 논리적으로 대립되고 필연적으로 서로 연결될 수 없는 실제 사건들이 열거되고 있으며, 이 사건은 이어지는 주제와 함께 이야기 전체를 구성하면서 화자에 의해 청자로 전달된다(Prince, 1987, 58). 그러나 일련의 사건들은 이 내러티브의 단면일 뿐이다. 이 내러티브는 잘못된 행동을 지적하고 사실상 이 잘못된 행동이 만들어내는 실패에서 벗어나도록 한다. 그것은 특정한 타자를 대상으로 하면서 암묵적이지만 분명한 성격을 지닌 것으로서 개입을 요청하는 내러티브이다. 더욱이 앤은 선생님에게 자신의 마음을 이야기로 표현하기 바로 전에, 발을 쿵쿵 울리면서 친구에게 "내가 먼저 물어봤잖아! 지금 말하고 있잖아!"라고 말한다. 앤은 자기 이야기를 '말하는' 과정에서 대립적인 도덕적 입장을 채택하고 있다는 것을 분명히 자각하고 있다. 이렇게 짧은 이야기를 통해서도 우리는 앤의 사건에 나타난 도덕 용어의 의미를 알 수 있다. 게다가 처음보다는 좀 더 전체적인 시각에서 이 에피소드를 볼 때, 우리는 앤이 참여하는 실천 계획과 사회 질서의 세부사항을 명확히 알 수 있다.

앤의 설명과 같은 이야기와 기록에는 서사적 구조가 있는 만큼 내러티브의 특별한 성격에 세심한 주의를 기울여 해석해야 한다. 인간 활동은, 반드시 그래야만 하는 것은 아니지만, 몇몇 사고의 흐름의 경우에는 그와 같은 유형의 해석을 필요로 한다. 어떻게 보면, 서사적 설명 방식은 행위의 논리·인과적 설명 방식—브루너(Bruner, 1986, 1987)는 이를 범형적 양식으로 명명함—을 대체할 수 있기 때문이다. 인간 활동은 분명히 서사적 설명의 끝없는 주제이며, 이러한 특징은 행위에 대한 해석적 접근의 가능성을 열어준다.

이 장에서는, 비록 대체로 눈에 띄지는 않는다고 하더라도, 행위 해석이 우리 연구에 있어 필수적이라는 생각에 대한 근거를 밝히고 있다. 묘사된 인물과 줄거리 구성의 면에서 볼 때, 서사적 형태의 텍스트는, 적극적으로 참여하는 독자에게 단서를 제공하는 도식 조직으로 또는 글쓰기의 형식으로 고정됨으로써, 해석을 허용하는 일종의 담화 형식이다. 이러한 각각의 측면은 도덕발달 연구에서의 내러티브 접근에 특별한 유익함을 제공한다. 이하에서는 먼저 서사학과 독자반응이론을 논의하고, 그런 다음 내러티브를 행위 양식으로 간주하는 것의 의의를 고찰할 것이다. 우리는 서사적 형태의 텍스트를 해석하는 과정에서 사람들이 어떻게 세계를 복잡하고 사회적으로 통용되며 조직적인 방식으로 이해하는지, 그리고 연구자로서의 우리 역시 사람들의 이야기를 어떻게 이해하려고 노력하는지를 적극적으로 해석할 수 있을 것이다. 우리는 세계를 아는 것이 곧 세상에 주요하게 참여하는 것이라는 믿음에 사실상 중독되어 있지만, 이는 계속되는 일상적인 행동에서 내러티브의 역할을 해석함으로써 극복할 수 있다. 이러한 관점은 해석과 내러티브가 현실적인 와해와 모순에 뿌리를 두고 있다고 설명하는 하이데거(M. Heidegger)의 해석학적 존재론에 대한 논의와 연결된다. 마지막으로 우리는 내러티브를 실지로 고려하는 방식을 강조하는 과정에서 도덕발달, 특히 그 발달의 종착점 문제를 재고할 것이다.

내러티브와 서사학

내러티브는 사건에 관해 이야기하는 것이다. 내러티브는 시간 계열을 고려하여 이러저러한 사건들을 일관되게 연결하는 방법을 제공한다. 순수문학 분야를 비롯하여 인문학 전반에 걸쳐 내러티브 분석은 새로운 방법으로 널리 주목받아 적용되고 있는 반면에, 최근 들어 역사학자(White, 1981)와 정신의학자(Spence, 1982) 그리고 도덕철학자(Jonsen and Toulmin, 1988) 역시 이 내러티브 분석에 의한 내용 조직과 설명이 지니는 힘에 대해 찬사를 표하고 있다. 이와 관련하여 가장 대표적인 기반이 되는 이론적 근거는 바로 내러티브에 대한 철학적 분석(Ricoeur, 1984, 1985, 1988)이다. 이 이론에 따르면, 우리가 거주하는 이 세계와 우리 자신을 이해하려는 시도는 그 시도가 어떠한 경우라 하더라도 '삶의 미메시스'의 문제와 연결되어 있다. 그렇기 때문에 내러티브에 대한 철학적 분석에 있어서 미메시스는 필수적이면서도 특별한 위치를 차지하고 있다. 이렇듯 내러티브가 여러 분야에 걸쳐 관심받고 있는 상황에서 심리학 분야 역시 인간 만사에서 내러티브의 역할에 주목하고 있으며, 인터뷰와 여타의 텍스트를 분석하는 데 있어 내러티브 방식이 사용되고 있는 실정이다(Sarbin, 1986). 예를 들어 미슐러(Mishler, 1986)는 인터뷰가 연구 '주체'로부터 사실적 정보를 얻어내는 단순한 질의응답이 아니라, 사회적 환경에 따른 인간 상호작용의 의미를 지닌다는 사실에 주목하고 있다. 이로 인해 그들은 특정하고 구체적인 사회적 목적을 달성하기 위해 구조화된, 내러티브 구성을 갖춘 담화에 주목한다(Suchman and Jordan, 1990). 그러나 일반적으로 이러한 내러티브는 특별히 존중받지 못해왔다.

내러티브 분석의 가장 간단한 접근법은 인물과 플롯, 즉 줄거리 구성의 수준을 고려하여 그 조직을 검토하는 것이다. 고전적인 구조주의 문학이론이 바로 이 유형에 해당하는데, 구조주의 분석에서는 스토리(내용, 혹은 이야기된 것)와 담화(표현, 혹은 이야기하는 것)라는 두 평면을 구분한다. 스토리는 전형적으로 행위자와 사건에 의해 분석되거나(Greimas and Courtes, 1976), 인물의 역할과 변화에 의해 분석된다(Propp, 1968). 담화는 다시 '실체'(매체)와 '형식'(서사적 진술이 연결된 세트)으로 더 분화된다. 그중 담화의 형식은 사건의 시간적 표현 순서, 관점, 행동의 속도, 화자 논평의 성격과 같은 특징을 이루는 관점에서 고려된다.

이러한 차원의 분석에 비추어 보면, 내러티브는 누군가의 세계에 대한 경험을 전하는 탁월한 방식이다. 우리는 내러티브에 표현된 인물과 사건을 검토함으로써 많은 것을 배우게 된다. 제2장에서 도덕적 결정이 내려지는 드라마 속 인물에 관한 데이(Day)의 서술은 인물과 사건의 분석이 얼마나 가치 있는 것인지를 여실하게 증명하고 있다. 데이는 내적 경험을 실제적으로 설명하기 위하여 엄청난 존재인 헐크(Hulk), 할아버지 그리고 말 그대로 막역한 친구와 같은 내적 청중을 자신의 정보제공원의 보고서에 담아내고 있다.

그러한 분석은 내러티브가 전개하고 있는 바—이것이 제3장에 소개되고 있는 네 가지 '경청' 또는 읽기의 첫 번째 기초를 형성하는 이유에 해당함—를 누군가가 분명하게 이해하는 데 종종 유용한 연습이 되기도 한다. 그러나 서사학에서 놓치고 있는 것은 모든 텍스트가 요구하는 읽기 활동의 감각이다. 서사학에서는 인물과 줄거리의 요소를 마치 자율적 존재인 양 다룬다. 하지만 등장인물과 사건은 텍스트로 표현된 특정 페이지에서 완전하게 형성되는 것이 아니다. 작은 성찰조차도, 예를 들면 어떤 텍스트를 읽든 간에 말해진 것 못지않게 말해지지 않은 부분에 의지해야 한다. 텍스트는 독자의 기대와 문체상의 관습, 그리고 사회와 문화에 대한 암묵적 이해에 호소하기 때문이다. 텍스트가 소설 작품일 경우에는 이런 호소가 더욱 명백하게 드러나지만, 인터뷰를 글로 옮긴 것이나 일상의 대화를 글로 옮긴 것과 같은 텍스트 또한 마찬가지이다. 연구자 역시 이런 유형의 자료를 해석하는 데 적극적인 역할을 담당한다. 그렇다면 우리는 어떻게 해야 그러한 활동과정에서 초래되는 불가피한 부분을 최선을 다하여 확인하고 이해할 수 있을까?

독자의 적극적인 역할 문제를 가장 자세하게 설명해주는 문학이론은 바로 수용이론 혹은 수용의 미학으로도 잘 알려진 독자반응이론이다. 문학 텍스트 분석에 있어서, 더 나아가 텍스트의 성격을 지닌 다른 자료 분석에 있어서도, 이 관점은 가다머(H. G. Gadamer, 1985) 해석학의 프랑스식 그리고 독일식 발전에 해당한다. 이 관점을 대표하는 학자들은 이저(W. Iser, 1978), 인가르덴(R. Ingarden, 1973), 야우스(H. Jauss, 1977, 1982), 피시(S. Fish, 1989)이다. 텍스트를 별도로 연구할 수 있다는 믿음에 근거하는 접근과는 달리, 독자반응이론가들은 고유한 권한을 가진 독자적 독립체로서의 텍스트와 독자가 건설적인 관계에 있는 것으로 간주하고, 그러한 독자의 적극적인 역할을 분석하는 것이 필수적이라고 주장한다. 말하자면 가정하고 추론을 이끌어내고 해석 활동을 하는 것이 바로 그 적극적인 역할이다. 텍스트는 독자에게 일련의 단서나 지시를 제공하는 것처럼 보인다. 그것은 연속적인 도식으로 구성되는데, 이는 독자에게 일반적인 방향성을 제공한다. 게다가 그 어떤 텍스트도 완전한 정보를 제공하지는 않는다. 여기저기 빈틈투성이여서, 독자는 텍스트 자체에는 존재하지 않는 세계와 문학적 관습에 대한 지식을 끌어와서 이를 채워야 한다. 이러한 이유에서 텍스트의 모호성이라는 현상이 나타난다. 대부분의 텍스트는 대체 가능한 해석을 긍정하며, 독자는 텍스트 '읽기'를 구성하는 통합적 해석을 확립하기 위하여 어떤 요소들을 선택하고 조직하며 배제하는 동시에 또 다른 요소들은 특별히 중요시하며, 한 관점에서 또 다른 관점으로 전환해야 한다. 텍스트가 탄생한 당시와는 다른 문화적, 시대적 배경에서 그 텍스트를 읽을 때 이러한 다수발성(多數發聲)이 분명하게 드러난다. 특히 야우스(1977, 1982)는 텍스트와 독자의 지평 모두를 고려해야 한다고 강조한다. 모든 텍스트는 독자가 차지하고 있는 문화적 맥락, 독자의 성별과 인종, 그리고 계급이나 연령 같은 요인에 의해 결정되는 맥락에 새롭게 위치하게 된다. 또한 동시에, 모든 텍스트에는 '내포된 독자'가 있다. 그 단서와 코드는 잠재된 청중의 감각을 반영한다.

독자반응이론을 수용하고 있는 도덕발달 연구에 관한 접근의 예로는 브라운과 길리건(제3장), 그리고 이들을 포함한 동료들의 연구 (Brown, Tappan, Gilligan, Miller, Argyris, 1989)가 있다. 이들은 실생활의 도덕적 갈등에 관한 인터뷰 내러티브를 분석하는 과정에서 '읽기'가 지니는 적극적인 특징을 강조한다. 브라운, 드볼드, 태편 그리고 길리건은 그들의 접근법을 독자반응 방식이자 페미니스트 방식이라고 설명한다. '이 방식은 독자와 화자의 관점 사이의 관계가 "객관성" ─즉 심리학적 탐구에 관한 전통적인 경험주의적, 합리주의적 접근을 특징짓는 누구의 것인지 알 수 없는 목소리와 분리된 시각─을 향한 노력에 직접적인 이의를 제기하는 데 초점을 둔다'(Brown, Debold, Tappan, Gilligan, 1991, 27).

따라서 독자반응이론은 연구자로서의 우리가 인터뷰 자료를 이해하는 데 있어 적극적인 역할을 한다는 점에 주목한다. 독자와 내러티브는 관념상 양자가 분리되어 있고, 중립적인 연구자의 관점으로는 파악될 수 없는 역동적인 상호작용 관계를 이루며, 선입견과 속단으로부터 자유롭다. 물론 다양한 선입견은 글쓰기에 고정된 텍스트를 이해하는 능력에 있어 필수적인 요인이다. 일반적으로 독자반응이론에서는 독자가 텍스트로부터 가져오는 것을 가정이나 기대 등으로 묘사한다. 하지만 곧 논의하게 될 바와 같이, 텍스트를 그러한 인지적 용어로 묘사하는 것은 독자가 텍스트에 몰입하는 존재론적 차원을 도외시하는 것이다. 도덕발달에 관한 연구에서 이러한 선입견에는 '도덕성'의 구별되는 특징, 추정하건대 비도덕적 영역과의 관계, 도덕성의 인지적·정서적·능동적 측면 간의 관계 등에 대한 가정이 포함된다(Tappan, 1990). 그러나 그러한 선입견이 어느 정도 명시적으로 선택될 수 있는 것인지, 그리고 연구 과정에서 수정될 수 있는 것인지의 여부는 말할 필요도 없이 매우 복잡한 문제이다(Packer, 1989).

표현으로서의 내러티브, 행위로서의 내러티브

독자와 텍스트 간의 역동적 관계는 서사적 텍스트가 그 생산과 소비 환경과 맺고 있는 여러 가지 환경 중의 하나일 뿐이다. 리쾨르(Ricoeur, 1979)는 이 관계에 대해 상세하게 분석하고 있는데, 이는 입말 담화로 쓰인 텍스트의 기원에 뿌리를 두고 있다. 입말 담화는 화자와 청자를 지정하고 시공간적 위치를 고려한다. 담화는 인칭 대명사와 같은 장치로 화자를 지정하는데, 그 담화에 나타난 단어의 의미는 화자의 의도를 표현한다. 담화는 특정 청중에게 말을 걸고, 한순간의 물질적 사건으로서 시간 안에 위치한다. 그리고 담화는 대화 참가자들에게 공통의 실제 상황을 분명하게 나타낸다. 이 점에서 글로 쓰인 텍스트는 '고정되어버린' 담화이다. '모든 글쓰기는 (…) 일종의 소외된 연설이며, 그 신호는 연설과 의미로 되돌아갈 필요가 있다'(Gadamer, 1985, 354). 담화가 글쓰기로 고정되면, 화자와 청중 그리고 시공간과의 관계는 없어지는 것이 아니라 오히려 변경된다. 첫째로 텍스트는 더 이상 순식간의 일이 아니다. 이러한 영구성은 결국 글쓰기의 주된 목적인 것이다. 둘째로 저자와 텍스트의 관계는 점점 팽창하고 복잡해진다. '텍스트는 저자가 살아온 유한한 지평을 피해간다'(Ricoeur, 1979, 78). 셋째로 이제 텍스트는 상황과는 무관한 세계를 지향한다. 텍스트는 새로운 눈으로 세계를 보는 방법을 가능하게 한다. 마지막으로 텍스트는 대화적 관계의 편협함을 타파한다. 텍스트는 그것을 창조해내는 청중에게 말을 건다.

도덕발달 연구와 관련하여, 이상의 리쾨르(1979)의 분석은 어떤 점에서 중요한가? 첫째로 그의 분석은 대체로 당연시해 온 우리 연구 자료의 특징을 강조한다. 우리는 연구 참여자를 대상으로 인터뷰할 때 특별한 의식 없이 내러티브 텍스트의 특성을 이용한다. 인터뷰 기록을 출판 보고서에 담게 되면, 그 텍스트를 대면하는 사람은 텍스트에서 이야기되는 사건이나 이야기하는 사람을 모르는 상태가 된다. 인터뷰는 그 자체로 고정된 형식과 거리두기의 형식을 띠고 있다. 하니(Honey)는 '인터뷰는 일상적인 말의 감각으로 이루어지는 대화가 아니라, 오히려 입말 텍스트'(1987, 80)라고 주장한다. 이 입장에 대한 동의 여부와 상관없이, 대부분의 인터뷰는 녹음되었다가 글로 옮겨지는 추가적인 단계를 거치게 되는데, 인터뷰는 바로 이 과정에서 고정된 형식을 띠게 된다.

둘째로 연설이 텍스트로 고정될 때 일어나는 일을 생각해보면, 원문 해석의 목적에 관한 문제가 제기된다. 우리가 일상의 도덕적 갈등에 관한 서사적 텍스트를 해석할 때 어떤 노력을 기울여야 하는가? 리쾨르는, 원문 해석은 절대로 저자의 의도로 돌아갈 수 없다고 설득력 있게 주장한다. 비록 저자의 경험을 확실히 꿰뚫기는 어렵지만, '해석의 문제'—말하자면 우선적으로 해석에 동기를 부여하는 명료화의 필요성—는 그 어려움 때문이 아니라, 오히려 모든 텍스트가 지니고 있는 '특유의 많은 목소리' 때문이다. 즉 전체에 대한 예비적 의미에 비추어 부분을 읽을 때 읽기가 포함하는 총체적 해석으로 인해 각기 다른 관점에서 여러 가지 해석이 가능하기 때문이다. 그 다음으로 우리가 도덕적 갈등에 관한 내러티브를 해석할 때는 사건에 관한 화자의 주관적 경험을 확인하려고 애쓰는 일종의 심리학적 덫을 피해야만 한다. 그것은 바로 저자의 의도이다.

셋째는, 아마도 가장 중요한 것으로서, 담화에 있어서 텍스트의 기원에 대한 리쾨르의 분석이 도덕발달 연구에 중요한 관점을 제공한다. 리쾨르는 내러티브를 오로지 표현의 방식으로만 생각하지 말고 동시에 행위의 방식으로도 생각할 수 있다고 주장한다. 텍스트로 고정되어 있다는 담화의 특성을 숙고하는 데 있어서, 리쾨르의 의도는 텍스트를 잘 이해하는 것 그 이상을 지향한다. 즉 사회과학의 목표와 방법론에 대한 문제를 재고하는 것이다. 행위는 적절한 대상이며 해석은 적절한 방법이지만, '의미 있는 행위는 담론을 고정시키는 것과 같은 일종의 객관화의 조건 하에서만 과학의 대상이 된다. (…) 이 객관화는 행위의 일부 내적 특성에 의해 가능한데, (…) 이는 일종의 발화를 생성하는 행위이다'(Ricoeur, 1979, 80–81). 행위를 이런 의미로 볼 경우, 우리에게는 인간과학의 명백한 '방법론적 역설'을 극복하는 방편을 가지게 된 것이다. 딜타이(Dilthey, 1976)의 관점에서 보면, 인간과학에서 이루어지는 인간의 삶에 대한 설명은 이해에 호소하지 않는 객관화를 요구하는 것처럼 보이기 때문이다. 간략히 말하면, 텍스트는 일종의 대상이지만, 그것은 여전히 해설과 해석을 필요로 한다. '객관성'은 일종의 자연과학에서 파생되지 않은 '설명하기'를 가능하게 하기 때문에, 텍스트의 객관성은 우리에게 인간과학을 새롭게 이해할 수 있는 기초를 제공한다.

그러므로 내러티브 텍스트의 해석학은 우리에게 어떻게 사람들이 자기의 세계를 복잡하고 사회적으로 통용되며 조직된 방법으로 표현하는지를 보여주는 한편, 연구자인 우리 역시 어떻게 적극적으로 타인을 이해하려고 노력하는지, 그리고 내러티브가 어떻게 우리에게 행위 연구로의 길을 제공하는지를 보여준다. 그동안 행위에 관한 연구는 도덕발달 연구에서 도외시되어 왔다. 따라서 나는 '행위 해석학—내러티브와 여타의 고정하기의 방식을 통해 이루어지는 것—을 통해 세계를 아는 것이 곧 세상에 주요하게 참여하는 것이라는, 중독이라고 말해도 좋을 믿음이 극복될 수 있다고 주장한다.

이제 앞서 설명한 독자반응 방식을 참고하여 이 주장을 더 자세히 설명해 보겠다. 도덕발달에 대한 구조주의적 접근과는 동떨어진 행보를 하고 있음에도 불구하고, 길리건과 브라운 그리고 그 동료들은 적어도 최근까지는 콜버그와 마찬가지로 인식론적 연구 대상에 주된 관심을 두어왔다. 이들은 단지 특정 사건이나 경험에 관한 서술뿐만이 아니라, 개인의 일상적인 도덕적 갈등을 해석하는 표현이 담긴 인터뷰 기록을 연구하였다. 특히 콜버그(1981, 1984)는 도덕적 딜레마에 관한 주체의 추론을 뒷받침하는 도덕적 능력의 합리적 재구성에 목적을 두었다. 길리건(1982)은 상황을 이해하고 도덕적 문제를 구성하는 도덕적 정향을 특징짓는 것에 목적을 두었다. 양자가 추구하는 것은 한 개인의 의도나 동기가 아니라 사건이 조직되는 틀이다. 이 두 접근의 차이점은 그러한 틀의 특징에 관한 근본적인 믿음과 관련이 있다. 콜버그에게 있어서 틀은 정의의 원칙이라는 단계를 전개하는 단일한 체계인 데 비하여, 길리건에게 있어서 틀은 취약한 자아가 그 자신을 조절하는 데 성공하거나 실패할 수 있는 성별 특징을 반영한 목소리이다. 게다가 길리건이 구별한 배려와 정의의 목소리는 세계를 해석하는 독특하고 개인적인 방식이라는 의미에서 주관적인 것이 아니다. 그것들은 공통 문화에 의해서 우리 모두가 사용할 수 있는 것으로, 일종의 주관성을 구조화하는 방법이다.

독자반응 접근은 이야기를 자기가 경험한 바에 따라 말해주는 데 있어서 화자의 행동이나 구체적인 사건들을 경시하는 대신에 이야기가 말해지는 '방법'에 초점을 두어왔다. 그 결과로, 구조주의는 오랫동안 명맥을 유지해온 것이다. 배려와 정의는 그 안에서 세계를 해석하고 사건을 이해하는 선험적 틀로 존재해왔다. 만일 이러한 틀에 위험이 있었다면, 그것은 바로 콜버그의 단계 이론에서 종종 다루어져 왔듯이, 역사에 무관심하고 문화를 경시하며, 자연발생적이고 불가피하게 배려와 정의의 목소리가 다루어졌다는 것이다(사회문화적, 역사적 맥락에서 배려와 정의의 도덕적 목소리의 중요성에 관해서는 Tappan의 1991). 비록 인식론이 참여에 대한 고려와 사회정치적 입장에 의해 알려졌다고 하더라도, 그 초점은 여전히 인식론적이었다(Brown, 1986). 따라서 우리의 관심은 화자가 세계의 대리인으로서보다는 세계의 대표자로, 그리고 세계 그 자체가 아닌 세계의 모습을 정신적으로 표현하는 존재로 주목하는 것이다. 아마도 여기에서 간과된 것이 있다면, 그것은 주체가 항상 실천적으로 참여한다는 것, 그리고 그러한 참여 사실과 그 특징에 관한 심도 있는 이해이다.

그러나 제3장에서의 브라운과 길리건의 접근은 더욱 분명하게 후자의 분석 유형으로 변경되었다. 이들은 연구의 문제의식과 연구 방식에 있어서 정치적 특징을 기술하고 있으며, 남성 중심 사회에서의 힘과 권위에 관한 의문을 제기하는 방법을 '저항하는 청자'로 표현하여 기술하고 있다. 결론적으로 브라운과 길리건은 우리에게 내러티브가 화자의 관점을 표현하는 것 이상을 표현한다는 사실을 보여주고 있다. 첫째로 스토리텔링은 그 자체로 인터뷰에 대한 응답이며,

스토리텔링은 이 인터뷰와 관련을 맺고 있는 당사자들에 의해 명확하든 그 반대이든 간에 그러한 의미와 중요성이 성사되는 사회적 사건이다. 둘째로 브라운과 길리건이 우리에게 전하려는 바는 실존적 갈등의 문제이며, 이 문제는 인터뷰 이야기에서 뿐만 아니라 더 중요하게는 세계가 겪고 있는 미해결의 문제이기도 하다. 리쾨르(1979)에 의하면, 인터뷰 이야기는 서술된 사건이 과거의 것이기 때문에 비강제적 참조를 통해 세계를 가리키지만, 그렇게 함으로써 그것이 대표하는 '경계 상황'으로 독자의 주위를 집중시킨다. 불법적 권위에 대항하는 투쟁, 생사의 문제와 같은 인간이 겪는 상황들은 텍스트가 쓰여진 시기와 그것이 기술하려고 하는 환경으로부터의 독립성, 리쾨르가 '초월'이라고 명명하는 독립성으로 인해 텍스트에 의해 언급된다. 그리하여 브라운과 길리건이 가장 중요하게 취급하는 문제 상황은 바로 남성 중심적인 문화에 젊은 여성들을 끼워 맞추려는 경우이다.

그러므로 인터뷰 이야기 방식의 텍스트는 우리에게 무언가를 볼 수 있는 새로운 방법을 제공하며, 이를 통해 우리는 말해진 것으로부터 이야기되는 것으로의 이동이 가능하다. 우리는 사람들이 사건의 틀을 세우기 위해 표현하는 용어, 그리고 그들을 이해하기 위해 표현하는 용어에 주목할 수 있지만, 이야기되는 사건의 유형 또한 숙고할 수 있다. 이러한 주의의 전환은 도덕발달 연구에 어떤 차이를 가져오는가? 그러한 전환을 위해서는 인터뷰를 통해 화자가 어떻게 자기 행위의 결과를 표현하는지, 그리고 그 이야기가 어떻게 화자의 자기 주체성을 표현하는지에 주목할 필요가 있다(이는 제1장에서 태편이 언급한 유형의 분석임). 인터뷰 자료는 행위의 '이중성'의 문제(말하는 '행동'과 설명하는 '행동')가 있으므로, 그러한 전환을 위해서는 단지 회상의 내러티브가 아닌 비디오 녹화(Packer and Richardson, 1991)와 같은 미디어로의 전환이 수반되어야 한다. 그리고 인간 실천에 관한 사회적 존재론의 분석이 요구된다.

해석학적 존재론

　리쾨르와 마찬가지로, 하이데거(1962) 역시 인문과학에서 요구되는 객관화에 관심이 있었다. 하이데거의 분석에서 중심이 되는 주목할 만한 조치는 인간 존재, 행위, 지식에 관한 우리의 사고방식의 탈바꿈이다. 이러한 조치는 이해의 문제를 인식론의 평면이 아닌 존재론의 평면 위에 두는 것이다. 그는 이해의 문제야말로 인간 존재에 있어서 우선적이고 가장 중요한 측면이라고 제안하였다. 인간으로서 존재한다는 것은 우리가 위치하고 있는 세계를 이해하는 것이다. 우리는 물질적 독립체로서 세상에 존재하지 않지만 그것과는 구분되며, 그 결과로 우리 주변에 대한 지식을 습득하는 것이다. 우리의 존재는 세계를 이해하는 데 있다. 이것이 사실이라는 첫 번째 예비적 증거는 우리가 있음을 문제 삼는 그런 유형의 존재라는 인식에서 나온다. 인간 존재는 인간이 무엇인지에 대한 이해를 포함하거나 수반한다. 존재에 대한 이해의 위치에 대한 이러한 예비적 암시로부터, 하이데거는 우리 각자가 처한 상황에서 우리의 존재가 항상 위치하는 방식, 항상 이러한 상황에서 발생하는 가능성의 능동적 기투(企投) 방식을 명확히 하기 위해 체계적으로 움직였다. 그리고 그것은 과거, 현재, 미래를 펼치고 보여주는 방식인 시간적 입장으로 구성하고 있다.

　이 설명에서 이해는 무엇보다도 우리 주변의 실체를 능동적이고 참여적인 방식으로 파악하는 방법이다. 이러한 파악을 통해, 우리는 동시에 우리 자신을 이해하게 된다. 대부분 이러한 개체들과 이들 사이의 상호관계 네트워크는 투명하고 우리에게 보이지 않지만, 실행이 중단되면 개체와 이들의 상호관계는 번거로운 것으로 드러난다. 이때 그러한 실행의 중단에 대한 실천적 숙고 속에서 그 실천의 재개를 위하여, 우리는 프로젝트와 그 대상 그리고 환경의 측면을 분명히 하면서 해석에 착수하게 된다(Packer, 1985). 해석은 기투된 가능성, 그리고 실천적 이해 속에서 통용되는 가능성의 명료화—배치와 설명—이다.

이상의 설명에서 알 수 있듯이, 지식은 세계를 향한 우리의 실천적인 참여에 항상 뿌리를 두고 그것에 의해 조직된다. 하이데거의 말이 옳다면, 독립적인 대상의 속성이나 형식적 도덕 원칙과 같은 객관적 지식으로 볼 수 있는 것은 항상 실천적 프로젝트에 대한 관심 있는 참여로, 가장 일반적인 분석에 의하면 '마음씀'으로 구조화되는 것이다. (특히 쿤(Kuhn, 1970)에 의하면, 과학적 지식은 항상 당연하다고 여기는 실천의 네트워크 내에서 작동하며, 변칙성이 과학 종사자들에게 강요되어 패러다임이 밝혀질 때까지는 투명하고 눈에 띄지 않는다.)

따라서 이러한 설명은 선입견과 가정(구조, 도식, 시나리오)이 새로운 현상에 대한 우리의 인식과 이해를 조직화하는 방식에 대한 인지적 설명에서 왜곡뿐만 아니라 숨겨진 진실의 핵심을 보여준다. 우리가 이미 알고 있는 것의 관점에서 새로운 것을 이해하는 것은 사실이지만, 더 폭넓고 철저하게 이해하기 위해서는 '우리는 이미 누구인가'의 관점에서 새로운 것에 대한 이해를 시작해야 한다. 그러므로 '선이해'가 작동하기 시작하는 곳은, 인식론적 차원이 아니라 존재론적 차원에서이며, 우리가 아는 것의 차원이 아니라 우리가 누구인가와 무엇을 하는가의 차원에서이다. (이 점은 텍스트 읽기에도 해당하는 만큼, 일찍이 읽기 과정에 대한 합리주의자와 인지주의자의 설명에 이의가 제기되었고, 심지어 해석학적으로 잘 알려진 독자반응이론에서도 마찬가지였다.)

이러한 전환, 즉 아는 것과 행동하는 것에 관한 해석 방법의 강조는 도덕적 측면을 포함하여 우리가 발달을 생각하고 연구하는 방법에 심오한 시사점을 제공한다. 무엇보다도 우선적으로 생각해볼 점은, 정신 발달에 관한 모든 이론은 발달이 지식을 습득하고 재편성하는 것으로 가정한다는 사실에 주목한다는 것이다. 심지어 유아기의 행위의 구심점을 인정하는 피아제나 비고츠키의 이론조차도, 발달에는 감각 운동에서 추상적이고 지적인 방향으로의 운동이 수반된다는 점을 가정하고 있다. 도덕발달 연구도 이와 유사한 가정을 하고 있다. 행위보다 지식을 강조하는 것이 단순히 이론적인 실수일 뿐이라고 주장하는 것은 지나치게 순진한 생각이다. 그것은 우리가 어떤 종류의 존재인지에 대하여 가지고 있는 체계적인 오해, 즉 문화적·역사적 맹목으로 보는 것이 더 낫다. 실질적인 문제는 그 결과이기 때문에, 여기에서는 부분적으로만 그 문제를 열거할 수 있다. 이를테면 형식적인 추론을 통해 실제적인 내용을 가진 도덕적 결론에 이르는 문제, 비록 결정을 내렸다 하더라도 분석적으로나 현상학적으로 여전히 목적의식이 분명한 행위와 동떨어져 있는 문제, 그리고 역량과 수행 사이의 분명한 차이를 설명하는 문제가 이에 해당한다.

세계 내 존재로서의 인간 존재의 구조에 대한 하이데거의 설명이 가지는 두 번째 의의는 발달이 존재의 세 가지 측면을 탈바꿈하는 데 기여한다는 것을 암시하고 있다는 점이다. (1)권력과 경향성의 체계로서의 주체, (2)인간 활동에서 재생산되는 사회적 인공물과 제도,

(3)염려에 입각한 세계에로의 참여 양상이 바로 그것이다. 도덕발달에 대한 인지적 설명은, 세 번째 측면을 고려하면서도, 그것을 첫 번째 것과 혼동하여 인식론적 문제로 환원한다. 물론 이 설명에 대한 자세한 내용은 『존재와 시간』에서 찾을 수 없지만, 그러한 분석의 가능성은 분명하다. 이 장의 제목에서 '삶 해석하기'라는 문구를 사용한 것은 이러한 용어로 이루어진 발달 연구를 암시하기 위해서였다(또한 제5장 참고).

그렇다면 발달에 대한 위의 세 가지 측면이 무엇인지를 간략하게 고찰해 보겠다. 첫째로 하이데거는 '"누구"의 문제'라고 물을 것을 제안하고 있다. 아마도 데카르트가 '나는 생각한다'라고 한 이래로, 그리고 영혼에 관한 기독교의 교리 이래로, 우리는 발달의 주체인 심리학적 주체가 직설적이고 자명하며 성격이 변하지 않는다고 가정하는 경향이 있어 왔다. 반면에 하이데거는 우리에게 그 주체가 질문을 불러일으키고 개방적 성격을 지니고 있음을 인식할 수 있도록 도와준다. 하이데거는 만일 주체가 조금이라도 변한다는 것을 염두에 둔다면, 논리적인 방식으로 펼쳐지는 단순하고 자연스러우면서 미리 주어진 자아는 존재할 수 없다고 주장한다. 인간 활동에 있어서 주체는 다양한 형식을 채택할 수 있다. 이를테면 문화와 전통에 의해 주어진 가능성을 자아 스스로가 탐색하여 이용할 수 있다. 하이데거는 진실성이 없는 '누구', 진실성 있는 자아, 그리고 세분화되지 않은 '누구'에 관하여 말하고 있는데, 이와 관련해서는 우리가 자주 호소하는 현대의 '개인적' 주체(Berger, Berger, and Kellner, 1973; Taylor, 1989)와 집단적 주체의 다양성과의 관련에서 타자를 상상할 수 있다. 우리는 발달 과정에 있어서 주체를 단지 저절로 지니게 되는 반성적 지식의 문제로만 이해하는 또는 그 주체만의 지식으로만 고려할 것이 아니라, 변화하는 정체성의 지위를 염두에 둔 주체의 변화에 주목해야 한다 (Blasi, 1984). 주체의 변화는 반성적 지식을 포함하고 있다. 그러나 주체의 변화는 근본적으로 여타의 정체성에 대한 실질적 관계에 그 주체를 위치 짓는 힘과 경향성의 발달을 포함하고 있다. 정체성은 사회 속에서 자기 자신을 위한 '장소'를 발견하는 문제이다.

둘째로 인간 발달은 우리의 관심과 참여를 필요로 하는 사회적 인공물과 기관의 변형을 의미한다. 주체 형성 이론은 주체가 사회적 자원을 적절하게 활용하는 방식을 설명하지 않기 때문에 일반적으로 너무 단순하다. 그렇지만 그 이론은 매우 신비스러운데, 그 이유는 사회적 영향의 기제—강화, 직접 교수, 내면화—를 명확하게 설명하기보다는 호소하고 있기 때문이다. 인간 존재에 대한 하이데거의 설명에는 그 시작부터 존재의 특수성과 역사성에 대한 언급이 포함되어 있을 뿐만 아니라, 끊임없이 앞으로 나아가거나 미래를 내다보는 능동적인 특징에 대해서도 언급되어 있다. 개인(또는 집단)은 그들이 이용 가능한 문화와 환경으로부터 가능성을 취함과 동시에 문화와 환경을 받아들임으로써 그 가능성을 변형시키기도 한다. 분명한 것은, 빈곤한 심리학은 인간 활동의 산물에 대한 언급이 없는 상태에서 인간 발달의 문제를 고려한다는 점이다. 예술가로서의 피카소(Picasso)의 발달 문제를 고려하는 경우, 그가 창조해 낸 실제 예술작품은 전혀 언급하지 않고 그림에 관한 그의 이론이나 믿음만을 언급한다면, 과연 그것은 의미가 있는가? 또한 과연 그것은 피카소의 시공간적 제약과 자원에 대한 응답이 될 수 있는가?

셋째로 발달은 지식의 우선 여부가 아닌 실천에 대한 인식으로서 세계를 파악하는 방식의 변화를 수반한다. 다양한 관심사와 새로운 프로젝트는 다양한 연령대의 아동들을 특징짓고, 이러한 관심사와 프로젝트는 인식 주체를 한 개인으로 구성하는 것이 아니라 아동 스스로가 소속되어 있다고 생각하는 문화적으로 규정된 환경, 즉 가족, 학교, 일터 등에 기반을 두고 구성하게 된다. 그러한 환경은 실천적 가능성이 통용되는 기반이다. 외관을 두고 말하자면, 이 기반은 조직화된 지역 배경이며, 우리의 프로젝트가 자리를 차지하는 도구, 인공물 및 기관의 총체—물론 모순이 없는 것은 아니지만—에 해당한다. 좀 더 깊이 분석해보면, 주체가 있는 곳에 실천적 가능성을 적합하게 그리고 적절한 방식으로 통용될 수 있게 하는 것은 바로 우리의 문화이다. 주체는 결코 본성적이거나 보편적인 것이 아니라, 항상 성별, 인종, 계급이 나뉘어 있다. 성별, 인종, 사회적 계급은 그 자체로 우리에게 이미 문화가 주어져 있다는 사실을 알려주는 사회적 가능성이다. 성별, 인종, 계급은 구현의 양상과 총체의 양상이라는 속성을 모두 지니고 있다. 이런 의미에서 우리는 우리에게 속한 것이 아니라 역사에 속하며, 그 전통은 우리의 프로젝트가 시작되는 가장 깊은 기반이다(MacIntyre, 1984, 1988).

하이데거 분석의 세 번째 의의는 해석이 본문 주석에 필요한 특수한 유형의 분석이 아니며, 또한 그것에 국한하지 않는다는 것을 보여준다는 점이다. 해석은 세계에 대한 인간의 존재 방식에 뿌리를 둔 이해의 방식, 즉 세계를 파악하는 방식이다. 좀 더 명확하게 이해하자면, 해석은 우리의 존재 방식에 대한 고유의 경향이다. 문학적 해석이 우리의 관심을 끄는 현상—전체적으로 파악된 텍스트와 부분적으로 파악된 텍스트 사이의 전체론, 예비적 읽기에서 나오는 점진적인 표현, 기대와 가정에 의해 형성되는 읽기 방식—은 문화적 존재로서의 우리의 일상에서 그 원시적 형태의 대응물을 찾는다는 데 있다.

그러므로 가장 일반적으로 말하면, 해석은 현상이 두드러지고 가능성을 이끌어내는 근거와 함께 현상의 다양한 측면을 조명한다. 좀 더 구체적으로 말하면, 해석은 우리 스스로가 훌륭하게 행동하는 것을 가능하게 하는 방법을 묘사하며, 해석은 또한 이런 방법이 채택되고 변형되는 문화적이고 역사적인 근거를 묘사한다. 도덕발달 연구라는 전문 용어로 번역하면, 해석은 아동의 행동 방식을 연구하고 타자와의 관계를 이해하는 것을 의미한다. 해석은 시간 계열에서 확장된 전통으로 간주되는 우리의 문화 속에서 이루어지는 이러한 방식의 원천이다. 해석의 방식은 아동들이 어떻게 변화되는지, 그리고 해석을 행동으로 옮길 수 있도록 아동들을 어떻게 변화시키는지를 이해할 수 있도록 해준다.

유치원 놀이터의 아동들은 공예품, 장비 및 활동 경기장의 세계에 위치하고 있으며, 그 조직은 다양한 문화적 가능성을 구현하고 있다(Packer and Richardson, 1991). 이러한 가능성은 다음과 같은 활동 유형에서 인식될 수 있다. 이를테면 허가 받은 행위와 그렇지 않은 행위 유형(타인에게 상처를 준다거나 소유 및 점유의 권리를 위반한 유형), 아동을 위해 표현적으로 디자인된 인공물('장난감'이나 '노리개' 같은 것)을 공급하는 행위, 가정과 직장을 축소해놓은 소꿉놀이 미니어처와 운동장이 공부와는 거리가 있는 놀이 장소라는 사실로 인식하는 경우이다. 운동장은 아이들의 행동을 위한 물리적 공간이며, 그러한 행동을 제한하는 동시에 힘의 원천을 공급한다는 전제 조건을 지니고 있다. 이러한 가능성에 대한 아동의 적극적인 '투영'은 아동이 성인의 기대치를 시험하고 종종 위반하는 방식으로 가능성을 받아들일 때 확인할 수 있다. 따라서 성인은 이러한 위반에 대해 항상 경계해야 한다. 소녀는 소녀와 '결혼한다', '칼'은 '삽'을 갈아서 만든다, '안전한' 등반 구조물을 위험하게 뛰어다닌다. 교사는 놀이터의 가능성에 대한 이러한 잘못된 해석을 수정하기 위해 끊임없이 노력한다.

이러한 관점에서 보면, 도덕발달은 사회적 규범을 채택하는 것도, 합리적으로 강력한 윤리적 원칙을 구성하는 것도, 평등한 위치에서 문제없는 합의점을 이끌어내는 것도 아니다. 오히려 도덕발달은 할 수 있는 한 최선을 다하여, 근본적으로 우리 자신이 만든 것이 아닌 세계에서 실존의 요청에 대한 응답을 성찰하고 형성해야 할 의무, 역사가 있는 도덕적 의무를 결의하는 문제이다. (이러한 지위는 대부분의 사회 구성주의자의 입장과 대비를 이룬다. '실재의 사회적 구성'이라는 말은 다소간 신적 존재의 초월적 힘을 부여받은 주체의 관점을 포함하는 것처럼 보인다. 인간이 세계를 '구성한다'고 말하는 것은, 물론 모든 진술이 세계에 대한 우리의 지식은 사회적으로 구성된 것을 의미한다는 사실을 제외한다면, 자만심의 절정에 해당한다고도 말할 수 있다. 다시 말하면, 인식론에는 의심의 여지가 없는 우선권이 주어진다.) 환언하면, 하이데거의 분석은 우리가 행위 과정에서 문화적 전통을 부지불식간에 전수하고 재형상화하는 방법에 주목한다는 점을 보여주고 있다.

우리 중 누구도 스스로가 무(無)의 상태에서 윤리적 세계를 창조해내려는 급진적인 태도를 지닌다고는 생각하지 않는다. 윤리적 방식에서 이미 자격을 부여받은 세계에 우리가 태어났다는 사실은 우리의 유한한 조건에서 피할 수 없는 측면이다. (…) 우리는 아마도 가치를 환산할 수는 있지만, 무의 상태에서 시작하여 그것들을 창조해낼 수는 없다. 전통 통행권은 모든 윤리적 주체와 관련하여 윤리적 세계가 선행하는 것 외에 다른 정당성이 없다. 그러나 또 한편에서, 우리는 우리가 사물을 찾는 일에서 결코 가치를 수용하지 않는다. (…) 해방에 있어서 우리의 관심은 (…) 그 어떤 유산과의 관계에서 우리가 '윤리적 거리'를 도입하는 것이다(Ricoeur, 1973, 164).

전통에 관한 도덕의 이러한 기반을 분명하게 하는 급진적 해석은 내러티브 형식을 취한다. 그리고 더 간단하고 일상적인 해석 역시 내러티브의 형태로 나타날 수 있다. 행위로부터 내러티브가 어떻게 성장하는지를 보는 것은 행위와 내러티브 사이의 관계를 보는 것이다. 그런데 이는 고정된 행위가 고정된 내러티브와 유사한 객관적 구조를 지닌다고 보는 것과 같은 단순한 평행주의의 관계가 아니며, 또한 말을 행위의 한 유형으로 보는 것과 같은 부분과 전체의 관계가 아니다. 해석에 있어서 먼저 인간 활동은 부분 – 전체 관계라는 복잡한 체계를 이루고 있고, 다원적이고 복잡한 시간성을 지니고 있으며, 그 생산의 환경을 참조하지만 동시에 그러한 환경에서 벗어나려고 한다. 간단히 말하여, 그것은 내러티브 텍스트에 더 쉽게 귀속하려는 인간 존재의 특성에 기인한다. 그러나 행위와 내러티브는 하나인 전체의 두 측면에 해당하는 것으로서 변증법적으로 연결되어 있다. 우리의 실천이 실패할 때, 우리는 내러티브를 통해 어려움을 이해하고 새로운 행동 과정을 발견할 수 있다. 인간은 이러한 방식으로서의 내러티브, 즉 서사 행위에 의해 성장할 수 있게 된다. 왜냐하면 인간의 활동은 항상 이미 해석된 세계 안에서 작동하기 때문이며, 또한 명백하게 해석되는 것이 아니라 특정한 방식으로 파악되기 때문이다. (다시 말하지만, 성숙한 과학이 항상 당연시되는 패러다임 내에서 작동하는 방식은 훌륭하고 친숙한 예이다.) 효과적인 내러티브에는 세계를 파악하는 어떤 측면에 빛을 비추어 새로운 행위의 가능성을 보여주는 힘이 있다. 설득의 내러티브는 그저 묘사된 세계에 대한 진술을 만들어내려 하지는 않는다. 설득의 내러티브는 청자를 행위로 이끈다. (여기에서 내러티브와 정서는 서로 밀접하게 연결되어 있다. 그리하여 고전 수사학은 청중의 감정을 불러일으켜 행동으로 옮기는 담론의 구성 요소에 관한 '무기력한' 논쟁을 강조한 것이다(Aristotle, 1954). 정서는 세계를 파악하는 방식의 전환에서 비롯된 힘을 가진 개인상호간 운동의 한 형태로 간주될 수 있다(De Rivera, 1977; Hall and Cobey, 1976).) 그 전환의 실패가 완고함으로 판명되고 나서야 우리는 비로소 '한 걸음 물러나서' 논리적 분석과 계산과 같은 보다 일반적이고 추상적인 도구에 의존하게 되며(Packer, 1985, 1084), 설명의 내러티브 양식이 논리적 설명의 양식을 뒷받침하고 가능성을 제공한다는 것을 보여준다.

비판의 장 찾기

우리는 내러티브가 여러 가지 상이한 측면에서 어떻게 인식되고 분석될 수 있는지를 살펴보았다. 내러티브는 사건과 사람의 조직이다. 내러티브는 다르게 읽는 것에 개방적이며, 그러한 읽기는 활동적인 해석에 해당한다. 내러티브는 세계를 언급하고 그 세계를 보는 새로운 방식을 열어준다. 그러므로 내러티브는 전형적으로 실천과정에서의 실패 또는 갈등에서 고양된다는 사실을 반영함으로써 행위를 위한 새로운 가능성을 열어준다. 우리는 인간의 존재 자체가 세계를 이해하는 방식이며, 그 자체로 해석 및 설명에 대한 내러티브 양식의 기원을 포함하고 있다는 점을 살펴보았다. 마지막으로 이하에서는 현재 재현적일 뿐만 아니라 능동적인 것으로 보이는 내러티브가 어떻게 새로운 도덕 질서를 가리키는지, 그리고 내러티브 관점이 도덕발달 연구에 어떠한 의의를 지니는지를 숙고해 보겠다.

　　내러티브에 주목한다는 것은 발달심리학이 현재 부딪히고 있는 딜레마를 해결하겠다는 약속이다. 발달에 관하여 언급하려면 일종의 기준에 대한 언급이 요구되지만, 도덕의 영역에서는 기준을 선택하는 것이 상당한 문제를 초래하고 있는 듯하다. 보편적이고 논리적으로 강제하는 윤리적 원칙에 대한 호소는 문제시될 수 없는 사회적 합의의 개념과 마찬가지로 납득할 수 있을 만한 의문을 제기하였다. 그것이 존재하지 않는다면 어떤 근거로 행동의 도덕적 타당성을 평가하거나 비판할 수 있는가? 표면적으로는 해석이 답을 내어놓지 못하는 것처럼 보인다. 많은 경우에서 해석 행위는 상대주의, 즉 텍스트 내부에서만 작동하여 진정한 비판의 가능성을 포기하는 주관적 해설을 의미한다. 그러나 해석 행위를 이렇게 특징짓는 것은 타당하지 않다. 우리는 해석이 내러티브와 그 배경을 모두 고려한다는 것을 이미 살펴보았다.

　　해석과 평가의 긴밀한 상호 연결 관계를 이해하는 한 가지 방법은 해석학과 비판이론 사이의 관계에 관한 가다머(H. G. Gadamer)와 하버마스(J. Habermas)의 논쟁을 검토하는 것이다(McCarthy, 1978; Mendelson, 1979; Misgeld, 1976; Ormiston and Schrift, 1990; Ricoeur, 1990). 해석학에 대한 하버마스의 관심은 이해와 해석이 본질적으로 지니는 역사적 차원에 대한 강조에서 촉발되었다(Habermas, 1967). 가다머(1985)는 모든 분석이 문화적 전통에 대한 분석가의 이해관계에 의해 구조화된다고 주장하였다. 이러한 주장은, 중립적이고 초연하며 객관적인 태도를 성공적으로 채택했다는 주장을 이데올로기로 보아야만 한다는, 비판이론의 핵심 신념과 매우 일치한다. 맥카티(McCarthy, 1978, 179)가 말하고 있듯이, 하버마스는 "사회과학자가 머리를 숙이고 진행하지 않으려면 자신의 사회문화적 상황에 뿌리를 둔 사전적 이해에 대한 개념 장치의 의존성을 반성적으로 고려해야 한다. 사회과학자는 해석학적으로나 역사적으로나 자의식을 가져야 한다."라고 주장하고 있다.

이러한 견해는 지식 구성의 관심에 관한 하버마스(1971)의 분석과 일치한다. 그러나 가다머는 해석 행위가 전통에 의해 형성된다고 주장하고 있다. 그렇기 때문에 하버마스는, 전통의 정당성과 권위에 의문을 제기하기 위해서는 해석학적 해석이 이데올로기 비판과 결합되어야 한다고 주장하였다. 그의 견해에 따르면, 전통에는 왜곡, 억압, 지배의 요소가 포함되어 있는 만큼, 우리는 여기에서 벗어나기 위하여 투쟁해야 한다. 합리적 반성은 해석보다는 오히려 거리두기와 비판의 문제이며, 그것은 전통이라는 매개에 의해 근본적으로 변화될 수 있다. 비판이론과 해석학은 이러한 의미에서 팀을 이룬다. 말하자면 "해석학은 내부에서 전통적인 틀이라는 벽에 부딪친다. 이러한 경계가 경험되고 인식되는 순간, 문화적 전통은 더 이상 절대적이라고 할 수 없다. (…) 실제 조건에 있어서 이러한 상징적 틀의 의존성 문제와 마주하게 되는 해석학적 경험은 이데올로기 비판으로 변화한다."(Habermas, 1967; McCarthy, 1978, 183 재인용) 하지만 이러한 유형의 비판에는 전통의 외부, 또는 너머에 위치하는 준거 체계가 필요하다. 하버마스는 사회적 행동을 위한 객관적인 틀을 제공하는 물질적 조건을 확립하기 위하여 언어와는 다른 수준에서 작동하는 경제적, 정치적 힘을 이러한 비판적 입장에서 분석하였다.

가다머(1990)는 하버마스가 비판에 대한 '독단적' 개념을 제시했으며 성찰과 비판 자체가 전통적 관행을 따르고 있다고 응답하였다. 더욱이 그는 정치적, 경제적 이해관계의 작동은 선개념과 선입견으로 해석될 수 있다고 주장하였다. 반성과 이해는, 하나는 비판을 다루고 다른 하나는 해석을 다룬다는 의미에서, 별개의 것으로 간주해서는 안 된다. 반성은 이해하기 위하여 고군분투하는 필수적인 순간이며, 또한 반성 그 자체는 항상 선입견에 근거하여 부분적이고 불완전하다. 동시에 해석은 자연스럽고 객관적이라는 전통의 주장을 무너뜨릴 수 있다.

이 논쟁의 검토를 통해 해석학과 비판이론은 결코 근본적으로 상충하지 않는다는 것이 분명해진다. 오히려 양자는 지식과 관심, 전통과 이해에 대한 전제를 공유한다. 각각은 암묵적이지만 다른 요소에 존재하는 요소를 강조한다. 둘 다 특정 기본 유형의 행동에 준초월적 지위를 부여하는 전략을 사용한다(Mendelson, 1979). 둘 다 분명히 자연스러운 지식과 인공물을 구성하는 관심 있는 참여를 보고 있다. 비판이론의 마르크스주의 전통은 해석을 사용하고 노동과 다른 형태의 생산 활동을 포함하여 개인의 생산과 실천을 통한 사회의 재생산에 대한 하이데거의 설명과 상충되지 않는 실존적 분석을 전제하고 있다('사회적 존재론'에 관해서는 골드(Gould, 1978)의 논의 참고, 특히 마르크스의 현상학적 방법에 대해서는 올맨(Ollman, 1990)과 볼로그(Bologh, 1979)의 Grundrisse and Capital 참고). 그리고 해석학, 카푸토(Caputo, 1987)의 '급진적 해석학'은 외양에 대한 비판을 수반하고 있다.

이 논쟁을 검토하면서, 리쾨르(1990, 321)는 "해석학의 제스처는 모든 인간의 이해가 유한성의 지배에 포함되는 역사적 조건을 인정하는 겸손한 행동이지만, 이데올로기 비판이라는 것은 인간 소통의 왜곡에 대한 거만한 반항의 몸짓"이라고 말한다. 그럼에도 불구하고 텍스트 해석학은 이데올로기 비판에 대한 요구에 부응하는 방법을 제시할 수 있다. 그러한 비판을 가능하게 하는 것은 소속감의 경험과 소외된 거리 간의 변증법적 긴장이며, 이것은 바로 텍스트 해석에서 발견된다고 리쾨르는 제안한다. 내러티브를 텍스트로 고정하는 것은 우리가 이미 기술한 자율성과 자연적 대상이 아닌 객관적 구조를 부여한다. 내러티브 텍스트를 해석할 때, 우리는 결코 순진한 표면 읽기에 만족해서는 안 되며, 대신 그 외양이 생성되고 유지되는 수단에 대한 비판을 통해 그 구조를 명료하게 표현하려고 노력해야 한다. 더욱이 내러티브 텍스트가 비지시적 참조의 세계를 '펼칠' 때, 현실 세계에 대한 비판과 마찬가지로 주체의 환상에 대한 비판을 가능하게 한다. 우리가 허구라고 부르는 것뿐만 아니라 모든 내러티브는 우리가 현실이라고 말하는 세계에 대한 재기술, 창조적 미메시스를 수반한다. 그렇게 그들은 세상을 질서화하는 새로운 방식을 가리키고 있다.

이 장을 짧막한 글로 시작하면서, 앤(Ann)이 자신의 놀이 친구에 대하여 한 '이야기'는 내러티브의 이런 특징을 분명히 드러내고 있다. 사건에 관한 앤의 이야기는 행동할 것을 요청하는 것으로 여겨진다. 즉 잘못을 바로잡는 것, 도덕적 질서를 확립하려는 교사의 중재가 바로 그것이다. 앤은 그것을 비판하기 위해 일련의 사건을 묘사한다.

비록 작고 일상적인 일이더라도, 이것은 비극적인 이야기이다. 그녀의 내러티브에는 일어났던 일과 일어나야 했던 일이 일치하지 않는 세계가 분명히 표현되어 있다. 우리는 앤이 세계에 관심을 가지고 참여하는 만큼 앤이 이해하는 대로의 운동장 세계('사실'과 '가치'가 등장하는 세계)를 분명히 표현할 수 있다. 앤은 차례를 잡고 차례를 요청하는 실천을 당연히 여긴다. 그녀는 캐스린에게 특정 권한을 부여하는 동시에 그 권한의 행사에 의문을 제기한다. 앤은 유치원에서 또래와 성인의 교차에 대한 복잡한 이해를 분명히 밝히며, 문제 사태에 개입하여 제재할 수 있는 교사의 힘을 요청하였다. 우리는 그녀의 내러티브가 그녀의 활동을 조직화하는 방향성인 목적을 언급하고 있음을 발견할 수 있다. 우리는 그 목적과 그것이 함의하는 도덕적 질서에 대해 비판적임을 발견할 수 있다. 또는 아이들의 활동에서 지금까지 보지 못한 가능성에 눈을 뜨게 될 수도 있다.

사람들이 하는 이야기는 현실에서 가능한 것으로 나아간다. 이야기는 세상과 그 사람들이 어떻게 달라질 수 있는지를 보여준다. 사람들은 어떤 장애나 실패에 맞서 자신의 삶을 향해 나아갈 때 이야기를 하게 된다. '이해하기'는 우연한 작업이 아니다. 우리는 세상을 다르게 만들기 위하여, 우리 자신을 다르게 만들기 위하여, 그리고 이치에 맞기 위하여 고군분투한다. 이러한 활동은 도덕발달을 보편적 윤리 원칙의 불가피한 구성으로 생각하는 방식이 아니라, 주관적 측면과 객관적 측면 모두를 지닌 도덕적 질서의 우발적이고 부분적이며 불안정한 달성으로 생각하는 방식으로 여긴다. 그 방식의 목적은 인간관계의 실질적인 문제를 이해하고 극복하려는 노력에 의해 분명하게 드러난다.

결론

발달심리학에는 오늘날 아동의 발달이 전통에서 벗어났으며(더 정확하게는 그 전통은 단순히 관련이 없다는 것), 그것이 현재의 관계에서만 파생된 논리적 구성의 문제라는 환상적 가정이 있다. 그러나 아동들이 도구의 숙달과 사회적 효능을 위해 점진적으로 발전되고 정교한 계획을 개별적으로 구성한다는 생각은 역사적으로 이해되어야 하며, 그것은 현대 세계의 산물이자 그에 수반되는 자기이해의 산물이다. 이 세계에서는 '합리적 체계'의 이데올로기가 우세하다. 따라서 내러티브 텍스트에 새로운 관심을 기울이는 것은 부분적으로 그러한 텍스트가 개별적으로 정의하거나 설명할 수 없는 복잡한 내적 관계 체계라는 사례에서 비롯되며, 그 요소는 단독으로 정의되거나 설명될 수 없다. 이것은 통계 분석을 주도하는 독립된 실체들 사이의 순전한 외부 거래의 이미지와 구조적 인식론자와 인지과학자가 강조하는 합리적 체계의 논리적 전체론의 이미지와는 대조된다. 인간 세계에 대한 이 두 이미지는 구성적인 사회·역사적 근거와 그 안에 거주하는 우리의 관심에 대한 모든 언급을 배제한다.

우리는 종종 아이들의 도덕성과 도덕발달을 연구할 때 우리의 목적을 당연하게 여긴다. 성인인 우리 자신은 성숙한 사람인 반면에 공부하는 사람들이 어딘가 모르게 덜 함양되고 정보가 부족하다고 생각하기 쉽고, 성인인 우리가 아동보다 앞서 있다고 생각하기 쉽다. 하지만 그럼에도 불구하고 아동은 우리의 미래이다. 그런 점에서 아동의 길은 성인인 우리보다 앞서 있다. 아동은 성인으로부터 전수받은 가능성, 성인이 그들에게 전수한 가능성을 발휘할 것이다. 비록 지금은 우리가 그들을 보호하고 있지만, 그들은 장차 우리의 전통과 문화를 보호하는 수호자가 될 것이다. 만일 성인들이 살아온 방식을 아동이 어떻게 받아들이고 있는지를 보고 이해할 수 있다면, 우리는 우리가 살아가는 방식을 이해하고 그들에게 전수한 것을 평가할 수 있는 더 나은 위치에 있는 것이다. 아동이 처한 곤경은 성인의 문제와 실패를 반영한다. 그들이 재조명하기 위해 노력하는 갈등에 대한 이해는 우리가 살아가고 있는 세상을 더 나은 방향으로 변화시키는 데 도움을 제공한다. 그들이 구성하고 또 동료와 성인에게 건네는 내러티브는 우리의 갈등과 모순을 목소리로 나타낼 뿐만 아니라 우리가 배울 수 있는 새로운 가능성을 가리키고 있다.

📖 참고문헌

Aristotle. *Rhetoric*. (W. Rhys Roberts, trans.) New York: Random House, 1954.

Berger, P. L, Berger, R., and Kellner, H. *The Homeless Mind: Modernization and Consciousness*. New York: Random House, 1973.

Blasi, A. "Moral Identity: Its Role in Moral Functioning," In W. Kurtines and J. Gewirtz (eds.), *Morality, Moral Behavior, and Moral Development*. New York: Wiley, 1984.

Bologh, R. W. *Dialectical Phenomenology: Marx's Method*. New York: Routledge & Kegan Paul, 1979.

Brown, L. M. "Moral Orientations and Epistemology: A Conceptual Analysis." Unpublished manuscript, Graduate School of Education, Harvard University, 1986.

Brown, L. M., Debold, E., Tappan, M. B., and Gilligan, C. "Reading Narratives of Confict and Choice for Self and Moral Voice: A Relational Method." In W. Kurtines and J. Gewirtz (eds.), *Handbook of Moral Behavior and Development: Theory, Research, and Application*. Hillsdale, N. J.: Erlbaum, 1991.

Brown, L. M., Tappan, M. B., Gilligan, C., Miller, B., and Argyris, D.

"Reading for Self and Moral Voice: A Method for Interpreting Narratives of Real—Life Moral Conflict and Choice." In M. J. Packer and R. Addison (eds.), *Entering the Circle: Hermeneutic Investigation in Psychology.* Albany: State University of New York Press, 1989.

Bruner, J. *Actual Minds, Possible Worlds.* Cambridge, Mass.: Harvard University Press, 1986.

Bruner, J. "Life as Narrative." *Social Research*, 1987, 54, 11—32.

Caputo, J. *Radical Hermeneutics: Repetition, Deconstruction, and the Hermeneutic Project.* Bloomington: Indiana University Press, 1987.

De Rivera, J. "A Structural Theory of the Emotions." *Psychological Issues*, 1977, 10, 1—178.

Dilthey, W. "The Development of Hermeneutics." In *Dilthey: Selected Writings.* (H. Rickman, ed. and trans.) Cambridge, England: Cambridge University Press, 1976. (Originally published 1900.)

Fish, S. *Doing What Comes Naturally: Change, Rhetoric, and the Practice of Theory in Literary and Legal Studies.* Durham, N. C.: Duke University Press, 1989.

Gadamer, H.—G. *Truth and Method.* New York: Crossroad, 1985. (Originally published 1960.)

Gadamer, H.—G. "The Universality of the Hermeneutic Problem." In G. Ormiston and A. Schrift (eds.), *The Hermeneutic Tradition: From Ast to Ricoeur.* Albany: State University of New York

Press, 1990. (Originally published 1965.)

Gilligan, C. *In a Different Voice: Psychological Theory and Women's Development.* Cambridge, Mass.: Harvard University Press, 1982.

Gould, C. C. *Marx's Social Ontology: Individuality and Community in Marx's Theory of Social Relations.* Cambridge, Mass.: MIT Press, 1978.

Greimas, A., and Courtes, J. "The Cognitive Dimension of Narrative Discourse." *New Literary History*, 1976, 7, 433 – 447.

Habermas, J. "Zur Logik der Sozialwissenschaften" [The logic of sociologies]. *Philosophische Rundschau* [*Philosophy review*], 1967, 5, 174.

Habermas, J. *Knowledge and Human Interests.* (J. Shapiro, trans.) Boston: Beacon Press, 1971. (Originally published 1968.)

Hall, R., and Cobey, V. "Emotion as Transformation of the World." *Journal of Phenomenological Psychology*, 1976, 6, 180 – 198.

Heidegger, M. *Being and Time.* (J. Macquarrie and E. Robinson, trans.) New York: Harper & Row, 1962. (Originally published 1927.)

Honey, M. "The Interview as Text: Hermeneutics Considered as a Model for Analyzing the Clinically Informed Research Interview." *Human Development*, 1987, 30, 69 – 82.

Ingarden, R. *The Literary Work of Art.* Evanston, Ill: Northwestern University Pres, 1973.

Iser, W. *The Act of Reading: A Theory of Aesthetic Response.* Baltimore,

Md: Johns Hopkins University Press, 1978.

Jauss, H. *Aesthetic Experience and Literary Hermeneutics*. Minneapolis: University of Minnesota Press, 1977.

Jaus, H. *Toward an Aesthetic of Reception*. Minneapolis: University of Minnesota Press, 1982.

Jonsen, A. R., and Toulmin, S. *The Abuse of Casuistry: A History of Moral Reasoning*. Berkeley and Los Angeles: University of California Press, 1988.

Kohlberg, L. *Essays on Moral Development*. Vol. 1: *The Philosophy of Moral Development*. New York: Harper & Row, 1981.

Kohlberg, L. *Essays on Moral Development*. Vol. 2: *The Psychology of Moral Development*. New York: Harper & Row, 1984.

Kuhn, I. *The Structure of Scientific Revolutions*. (2nd ed.) Chicago: University of Chicago Press, 1970.

McCarthy, T. *The Critical Theory of Jürgen Habermas*. Cambridge, Mass.: MIT Press, 1978.

MacIntyre, A. *After Virtue: A Study in Moral Theory*. (2nd ed.) South Bend, Ind.: University of Notre Dame Press, 1984.

MacIntyre, A. *Whose Justice? Which Rationality?* South Bend, Ind.: University of Notre Dame Press, 1988.

Mendelson, J. "The Habermas−Gadamer Debate." *New German Critique*, 1979, 18, 44−73.

Misgeld, D. "Critical Theory and Hermeneutics: The Debate Between Habermas and Gadamer." In J. O'Neill (ed.), *On Critical*

Theory. New York: Seabury Press, 1976.

Mishler, E. *Research Interviewing: Context and Narrative*. Cambridge, Mass.: Harvard University Press, 1986.

Ollman, B. "Putting Dialectics to Work: The Process of Abstraction in Marx's Method." *Rethinking Marxism*, 1990, 3, 26 – 74.

Ormiston, G., and Schrift, A. (eds.). *The Hermeneutic Tradition: From Ast to Ricoeur*. Albany: State University of New York Press, 1990.

Packer, M. J. "Hermeneutic Inquiry in the Study of Human Conduct." *American Psychologist*, 1985, 40, 1081 – 1093.

Packer, M. J. "Tracing the Hermeneutic Circle: Articulating an Ontical Study of Moral Conflicts." In M. J. Packer and R. Addison (eds.), *Entering the Circle: Hermeneutic Investigation in Psychology*. Albany: State University of New York Press, 1989.

Packer, M. J., and Addison, R. "Evaluating an Interpretive Account" In M. J. Packer and R. Addison (eds.), *Entering the Circle: Hermeneutic Investigation in Psychology*. Albany: State University of New York Press, 1989.

Packer, M. J., and Richardson, E. "Analytic Hermeneutic and the Study of Morality in Action." In W. Kurtines and J. Gewirtz (eds.) *Handbook of Moral Behavior and Development: Theory, Research, and Application*, Hillsdale, N. J.: Erlbaum, 1991.

Packer, M. J., and Scott, B. "The Hermeneutic Investigation of Peer Relations." In L. T. Winegar and J. Valsiner (eds.), *Children's*

Development Within Social Contexts: Metatheoretical, Theoretical, and Methodological Issues. Hillsdale, N. J.: Erlbaum, 1991.

Prince, G. *A Dictionary of Narratology.* Lincoln: University of Nebraska Press, 1987.

Propp, V. *Morphology of the Folktale.* (L. Scott, trans.) Austin: University of Texas Press, 1968.

Ricoeur, P. "Ethics and Culture: Habermas and Gadamer in Dialogue." *Philosophy Today*, 1973, 17, 153−165.

Ricoeur, P. "The Model of the Text: Meaningful Action Considered as a Text." In P. Rabinow and W. Sullivan (eds.), *Interpretive Social Science: A Reader.* Berkeley and Los Angeles: University of California Press, 1979) (Originally published 1971.)

Ricoeur, P. *Time and Narrative.* Vol. 1. Chicago: University of Chicago Press, 1984.

Ricoeur, P. *Time and Narrative.* Vol. 2. Chicago: University of Chicago Press, 1985.

Ricoeur, P. *Time and Narrative.* Vol. 3. Chicago: University of Chicago Press, 1988.

Ricoeur, P. "Hermeneutics and the Critique of Ideology." In G. Ormiston and A. Schrift (eds.), *The Hermeneutic Tradition: From Ast to Ricoeur.* Albany: State University of New York Press, 1990. (Originally published 1973.)

Sarbin, T. (ed.), *Narrative Psychology: The Storied Nature of Human*

Conduct. New York: Praeger, 1986.

Spence, D. *Narrative Truth and Historical Truth: Meaning and Interpretation in Psychoanalysis.* New York: Norton, 1982.

Suchman, L, and Jordan, B. "Interactional Troubles in Face−to−Face Survey Interviews." *Journal of the American Statistical Association*, 1990, 85, 232−253.

Tappan, M. B. "Hermeneutics and Moral Development: Interpreting Narrative Representations of Moral Experience." *Developmental Review*, 1990, 10, 239−265.

Tappan, M. B. "Texts and Contexts: Language, Culture, and the Development of Moral Functioning." In L. T. Winegar and J. Valsiner (eds.), *Children's Development Within Social Contexts: Metatheoretical, Theoretical, and Methodological Issues.* Hills−dale, N. J.: Erlbaum, 1991.

Taylor, C. *Sources of the Self: The Makings of the Modern Identity.* Cambridge, Mass.: Harvard University Press, 1989.

White, H. "The Value of Narrativity in the Representation of Reality." In W. Mitchell (ed.), *On Narrative.* Chicago: University of Chicago Press, 1981.

다시 쓰는 자야:

도덕적 실천으로서의 발달

그 구체적인 관심 분야가 무엇이든 간에, 발달이라는 개념은 내러티브와 도덕 양자와 본질적으로 깊은 관련을 맺고 있다.

Mark P. Freeman | College of the Holy Cross

다시 쓰는 자아: 도덕적 실천으로서의 발달 [*]

　　이 장에서 나는 내러티브라는 아이디어가 도덕발달 연구의 방법론적 접근뿐만 아니라 발달이라는 개념의 본질적 측면에서 이해되어야 한다고 주장하고자 한다. 더 나아가, 나는 이 장에서 소기의 목적을 향한 점진적인 변화라는 넓은 의미에서 채택하고 있는 발달 개념이 도덕과 필연적으로 결부되어 있다고 설명할 것이다. 왜냐하면 이 점진적인 변화 자체는 그것이 어디로 향해야 하는지를 지칭하는 어떤 개념을 떠나서는 생각할 수 없다는 단순한 이유 때문이다. 이러한 의미에서 특정 관심 영역이 무엇이든 간에, 발달이라는 개념은 본질적으로 내러티브라는 아이디어와 도덕이라는 아이디어 양자와 연결되어 있다는 점이 설득력 있게 견지될 수 있다. 이러한 간단한 소개 설명을 염두에 둘 때 당장 중요한 질문이 제기된다. 사실상, 객관적 기반을 두고 보편적으로 규정할 수 있는 선험적 '당위', 즉 삶 자체의

＊ 이 장에서 언급된 사례 내역 정보는 시카고대학교(University of Chicago)에서 행한 프로젝트 연구의 일환으로 수집된 것이며, 이 프로젝트는 Mihaly Csikszenmihalyi, Jacob W. Getzels, Stephen P. Kahn의 지도하에 스펜서(Spencer) 재단과 맥아수 (MacArthur) 재단의 연구 자금을 지원받아 실행되었다.

역동적인 움직임에 앞선 무언가가 존재하지 않는다면, 이 경우에 우리는 발달에 대해 어떻게 말해야 하는가?

나와 동료들이 연구한 두 명의 예술가가 각자만의 '발달' 과정에 대해 말한 내용을 잠시 살펴보겠다. 그중 한 명은 자신이 '가면 같은' 가치라고 부르는 것 하에서 수년간 작품을 수행해오다가, 결국에는 무의식적으로 작품 그 자체보다는 자신이 어떤 유형의 예술가로 받아들여지는지를 더 중요하게 여긴다는 점을 깨닫게 되었다. 그 예술가는, "내가 한 일의 대부분은 내적 필요나 개인적인 목표에 의한 것이 아니라, 다른 사람들이 보고 싶어 하거나 좋고 가치 있다고 생각한 것에 의하여 이루어졌다."라고 인정하였다. 하지만 그가 예술 활동에 관한 자신의 관점이 과거와 달리 '훨씬 덜 중요한' 것이 된 순간, 타인의 가치평가에 관한 관심은 변화하게 되었다. 정말로 다른 사람들이 어떻게 생각하든 간에 적어도 진정한 예술가에게 있어서 그것은 중요하지 않기 때문에, 그는 타인에게 어떻게 받아들여지는가에 관한 관심은 "더 이상 문제가 되지 않는다."라고 말하였다. 그는 '그림은 허구'라고 판단하였다. "그림은 진실과는 전혀 관련이 없다. (…) 그림은 세상의 규칙인 우주나 법에 얽매일 필요가 없다." 그림은 창조적인 발산 수단, 탐험과 놀이의 수단이자 탈출의 수단, 아마도 '사회적이고 문화적인 속박'을 비판하는 수단일 뿐, 그 이상이 아니다. 결국 그는 '바깥'이 아닌 '안'을 볼 수 있게 되었고, 예술의 참된 목표라고 믿었던 것을 좀 더 완전하게 구현할 수 있게 되었으며, 이러한 깨달음에 도달한 것에 크게 안도하였다.

우리가 이야기를 주고받은 한 여성은 꽤 다른 이야기를 하였다. 그녀 자신이 보기에, 결정적으로 중요한 것은 자신이 과거에 비하여 다른 사람들에게 더 많은 관심을 기울인다는 것이다. 예술에 조예가 깊은 전문가만이 이룰 수 있는 매우 추상적이고 개념적인 예술로 절정에 달했던 형식에 구애받지 않는 활동들 덕택에, 그녀는 사람들로부터 자신을 단절시킬 수 있었다. 그것은 결국 그녀가 '위선적'이고 '역겨운' 경험을 하게 되는 상황을 초래하였다. 그녀는 선택된 소수보다 더 많은 사람에게 어필하려는 예술 작품을 창조해내기 위하여 의식적인 노력을 기울였다. 별다른 것도 없으면서 무언가를 얻으려는 사람은 누구나 그녀의 노력을 볼 수 있어야 한다고 느꼈다. 그 사건의 진실은 '그 어떤 예술가라도 만약에 정말로 솔직하다면, 세상 사람들 모두가 예술가로서의 자신이 하는 일을 사랑해주고 이해해주길 바란다고 말할 것'이라는 사실이었다. 그러나 예술적 아방가르드의 훌륭한 구성원이 되는 과정에서 놓쳐버린 것은 바로 예술의 의사소통적 차원이었다. 그녀에게 예술은 단순한 놀이가 아니었으며, 대중적인 예술은 오히려 혹평을 받는 것이었지만, 이제 예술의 목적은 이와는 달리 다른 사람들의 세계를 확장할 수 있도록 그들에게 이야기해주는 것이 되었다.

우리의 연구에는 발달과 관련된 수많은 이야기가 있다. 그 예로는 예술 그 자체를 위하여 예술에 종사하는, 일종의 '사치'를 감당할 수 없어서 비록 (백인) 예술계의 주변인이 된다고 하더라도 정치적으로 자신의 공동체를 동원할 필요가 있다고 느꼈던 아프리카계 미국인 예술가의 이야기, 오늘날 정의 내리기가 어렵다고 하더라도 초월자와 어떤 연관성 없는 예술이 공허하고 비현실적이라는 것을 깨달은 한 예술가의 이야기, 환경이 파괴될 위기에 처한 상황에서 작업실에만 계속 갇혀 있을 수 없다는 생각에 정치적 목적이 결여된 예술은 결국 파산하게 되고 자기 방종을 초래한다고 판단했던 예술가의 이야기, 예술과 정치가 완전히 별개의 문제라는 확신에서 출발하여 마침내 예술이 그 자체로 중요할 수 있고 결과적으로 예술가는 근본적으로 실용적인 관점을 받아들이지 않는 것이 필수적이라는 확신에 이르게 된 예술가의 이야기 등등이 있다.

그렇다면 우리는 이렇게 넓게 확장되는 다른 목소리와 다른 이야기를 어떻게 받아들여야 할까? 이들은 각각 자기만의 독특한 방식으로 도덕적 책임을 가지는가? 나아가 우리는 이렇게 다른 목소리들이 자기만의 발달에 대하여, 그리고 예술이 해야 할 일이나 예술이 되어야 할 것에 대하여 명쾌한 이야기를 들려준다는 사실을 어떻게 받아들여야 할까? 만일 우리가 이러한 사람들이 하는 말을 받아들인다면, 그들은 어떤 식으로든 각자의 방식으로 발달한 것처럼 보일 것이다. 하지만 우리는 모든 사람의 발달을 설명할 수 있는 공통된 기준을 확인하는 것이 매우 어려운 일이라는 점을 알아야 한다. 그러면 이제 앞서 제기된 문제로 되돌아가 보겠다. 우리는 선험적인 기준과 논리적인 골격이 없는 상태에서 발달 과정을 얼마나 정확하게 증명해낼 수 있을까?

목적의 문제

피아제(Piaget), 콜버그(Kohlberg), 그리고 여타의 구조주의적이고 규범적인 기초에 기반을 둔 이론가들이 제안했던 발달에 관한 관점의 선상에서, 자아의 점진적인 성장은 별도의 궁극적인 목적 또는 어떤 형식의 기능으로 예견된다. 즉 규범성이라는 바로 그 차원에 의하여 명확한 규범적 기초를 두고 있는 발달이론은 발달 과정이 향하는 바의 결과를 필연적인 사실로 받아들여야만 한다. 이 점에 있어서 내러티브라는 아이디어는 이미 이 문제와 관련을 맺고 있다. 즉 우리는 지정된 목적의 기능으로서만 그것을 일으키는 발달 과정에 대하여 말할 수 있다.

분명히 현존하는 모델, 특히 콜버그에 대한 비판의 초점으로 작용하는 것은 발달의 목적 문제이다. 예컨대 다른 집단보다 소년과 남성이라는 특정 집단에 적용함으로써 이 모델에 의해 규정된 목적이 정말로 여타의 모델 이상으로 논쟁의 여지가 있다면, 발달 과정의 문제 역시 그 안에서 절정에 이를 것이다. 이러한 맥락에서 콜버그의 모델에 대한 길리건(Gilligan, 1982)의 잘 알려진 비판은 발달의 목적뿐만 아니라 발달 과정 자체에 대한 논쟁으로 매우 광범위하게 묘사될 수 있으며, 이 양자는 서로를 정의하고 구성한다. 길리건의 주장은 본질적으로 하나의 발달 노선을 가정하기보다는 일종의 대립점에 존재하는 남성과 여성의 두 가지 뚜렷한 발달상의 '목소리'를 가정하는 것은 바람직하며, 이러한 가정은 정의와 배려 사이의 변증법적 긴장을 강조하는 역할을 제공한다는 것이다.

발달 과정의 이러한 개정은 비록 칭찬받을 만하지만, 그럼에도 불구하고 콜버그의 모델과 관련하여 처음에 제기되었던 것과 거의 같은 유형의 질문을 촉발시킨다. 즉 길리건과 여타의 발달적 수정주의자들에 의해 규정된 목적은 최종적인 것인가, 아니면 그들이 제안하는 목적 역시 본질적으로 논쟁의 여지가 있는가? 보다 일반적으로, 특정 문화적 맥락 내에서 다양한 그룹의 사람들에 걸쳐 상당한 수준의 일반성과 확장성을 가지는 목적을 명확하게 하는 것이 가능할 수도 있지만, 예를 들어 남성과 여성 전체 집단에 구속력을 발휘하는 목적을 명료하게 표현하는 것이 사실상 가능한가? 또는 단도직입적으로 말하여 발달의 종착점을 개인이 결정해도 좋은가?

이러한 질문들이 너무 상대주의적이고 또 너무 개인주의적으로 취급되지 않기 위하여 두 가지 조건을 제안하고자 한다. 나는 세상에 더 좋고 나쁜 양상이 존재하지 않는다고 주장하거나, 발달이 일종의 자기도취적 자유라고 주장하는 것이 아니다. 우리가 내리는 모든 판단과 우리가 채택하는 모든 행동 방침은 주어진 문화에서 현존하는 '선(善)'의 개념에 의해 철저히 제한된다. 달리 말하면 이러한 개념은 그저 분리해낼 수 있는 것, 어느 날 갑자기 사라지는 것이 아니라, 특정한 사회적 삶과 추론적이고 실제적인 질서 속에서 살아가고 있는 특별한 주체로서의 우리라는, 바로 이 존재의 본질적인 부분이다. 이들은 우리 자신은 누구이며, 무엇이라고 생각하는가와 같은 문제와 완전히 얽혀 있다. 그런데 발달심리학자로서 우리는 철학자, 신학자 및 다른 사람들이 수 세기 동안 싸워 온 선에 대해 대담한 도약을 하려는 시도가 준비되어 있는가?

이 질문을 염두에 두고, '발달'의 개념을 다시 잠깐 살펴보겠다. 발달은 무엇보다도 영속적이고 통일된 주체를 전제하며, 발달이라는 삶의 궤적은 영속적이고 다소간 통일된 방식으로 추적될 수 있다. 그러한 주제를 제기하는 것을 '자제하는' 특정한 문화권이 있을 뿐만 아니라, 우리의 현대 서구문화에 속한 사람 중에서도 그렇게 하는 데 관심을 기울이는 사람이 있다. 그 주제는 단지 언어의 효과나 인본주의의 오래된 유산, 또는 '갈망'하는 상상의 유물일 뿐이라고 주장할 수 있다는 것이다. 따라서 발달의 개념에 관한 한 논쟁은 계속될 수 있지만, 이 논쟁은 의문의 대상이 되는 통일된 주관성이라는 바로 그 환상과의 필연적 상관관계를 보여줄 뿐이다. 내러티브라는 아이디어에 관하여 말하자면, 사회과학 분야에서는 이 아이디어에서 우리와 관련된 문제에 관한 새롭고 도전적인 접근법을 발견하였지만, 이는 너무 구시대적인 인본주의로 간주되어 왔다. 사람들이 자신에 대해 말하는 내러티브가 주어진 문화 속에서 말해진 것과 같은 이야기에 따라 구성된 소설과는 다른 것이라고 전제한다면, 내러티브가 우리에게 유용한 정보를 제공한다고 가정하는 것은 자기기만일 수 있다.

때때로 '후기 구조주의적' 사고(Smith, 1988, 날카로운 후기와 비판의 글; Foucault, 1977, 1980)라고 불리는 특정한 입장에 이러한 의심이 나타난다는 점을 고려할 때, '후기 구조주의자들' 일부가 이 책을 읽는다면, 우리 중 몇몇은 여전히 '자아'와 '발달' 그리고 '내러티브'에 대해 이야기하자고 강력히 요구한다는 사실에 아마도 그들은 완전히 당황할지 모른다. 이것은 물론 그들의 문제이지 우리의 문제가 아니다. 사실을 두고 말하면, 이렇게 생각하고자 하는 것이 나의 본의이다. 그럼에도 불구하고 요점은 우리가 인정하고 받아들여야만 하는, 우리가 여기에서 논의하고 있는—무엇보다도 이 책의 제목으로 명확하게 예시된—논쟁 가능한 가정이 존재한다는 점, 그럼으로써 우리는 우리가 서 있는 곳이 어디인지를 알 수 있다는 점이다.

두 번째 조건은 첫 번째 조건과 밀접한 관련을 맺고 있는데, 그것은 개인주의에 관한 문제이다. 예를 들어 매킨타이어(MacIntyre, 1981)는 위에서 논의된 몇 가지 주장에 대한 응답으로, 자아와 발달 등에 관한 동시대적 담론에서 우리가 목격한 의심과 회의론의 상당 부분이 이러한 관념과 관련하여 최근에 눈에 띄는 철학적 통찰의 영향에 있을 뿐만 아니라, 그 어떤 확신이나 어느 정도의 합의를 통한 인간 삶의 목표가 되어야 할 것에 관하여 명확하게 설명하기가 점점 어려워지는 사회적 풍토의 영향에 있다는 사실을 주장해왔다. 비록 매킨타이어(1981, 5)가 '도덕이 고집하는 언어와 모습'에 주목하였다고 하더라도, 그에게 있어서 '도덕의 필수적인 실체가 일반적으로 산산이 부서져서 부분적으로 파괴되었다'는 것은 명확하다. 안타깝게도 그는 계속해서 이러한 분열과 파괴가 정말로 일부 사람에게는 축하할만한 일이라고 주장하였다. '인간의 전 생애'에서 통합에 의미가 있는 확고히 뿌리박은 구상이 없다는 것은, '그다지 눈에 띄지 않으며', '상실로서가 아니라 자기 만족적인 이익으로서, 그리고 한편으로는 처음부터 현대 세계가 거부했던 강제적인 계급의 사회적 연대로부터 자유로운 개인의 출현으로, 또 한편으로는 현대성이 목적론의 의심으로 바꾸었던 것으로부터 자유로운 개인의 출현으로 경험한다'(MacIntyre, 1981, 32). 여하튼 매킨타이어가 언급하는 상태로 변화될 때 우리가 부여하려는 가치가 무엇이든 간에, '자기만의 영역에서 자주권을 획득하는 과정에서, 특히 현대적 자아, 이를테면 주정주의(主情主義)를 따르는 자아는 사회 정체성이 부여한 전통적 경계와 주어진 명령에 따라 질서 잡힌 인간 삶의 관점을 잃어버리게 된다'(MacIntyre, 1981, 32). 그러므로 요약하면, 매킨타이어는 발달의 목적이 안고 있는 본질적인 특징으로서의 경합성(競合性)은 단지 도덕적이라고 간주하는 것에서 표면적으로 무시할 수 없는 상대성에 대한 철학적 통찰과는 거리가 멀고, 그 자체로 도덕적 붕괴의 한 징후이며, 우리의 골칫덩어리를 미덕으로 완전히 마술 부리듯이 바꿔버리는 상대주의적인 도덕 인식론의 형태에서 드러나 보이도록 만들어진 한정적이고 옹호할 수 있는, 이른바 도덕적 근거의 부재이다.

　이런 맥락에서 매킨타이어가 말하는 것이 어느 정도 타당하다고 가정할 때 제기되는 중요한 질문이 하나 있다. 만일 그가 제안한 것처럼 인간이 '주어진 목적에 따라 질서 잡힌' 삶의 관점을 실지로 잃어버리고 말았다면, 우리가 삶의 과정에서 겪은 변화에 아무런 궁극적인 이유가 없다는 의미인가? 달리 말하면 만일 우리를 이끌어가는 보편적 구속력을 가진 목적(종착점)이라는 것이 사실상 없다면, '산산이 부서져 일부는 파괴되었다'는 발달의 바로 그 개념은 허무주의의 유행 속에서 비합리성에 의해 대체된 합리주의의 역사처럼 치부되어야 하는가?

내러티브와 발달

　위의 질문에 나는 조심스럽지만 단호하게 '아니다'라고 대답하는 바이다. 즉 비록 '주어진 목적'을 규정하는 날이 곧 다가오지 않는다고 하더라도, 최소한 지금 이 순간의 역사 속에서 우리는 발달 과정에 대하여 여전히 설득력 있게 말할 수 있다. 하지만 다시 한번 우리에게는 어떻게 해야 하는가에 관한 질문이 남아있다. 바로 이 지점에서 내러티브라는 아이디어가 우리에게 주목의 대상이 된다. 발달을 주어진 목적에 도달하는 과정으로 이해하는 대신, 끊임없이 변화하는 삶의 과업과 도덕적 요구에 따라 목적을 재구성하는 과정, 즉 목적을 '다시 쓰는'(Freeman, 출판 중; Freeman and Robinson, 1990) 과정으로 이해해야 하지 않을까?

　위의 질문에서 도출할 수 있는 추가적이고 좀 더 급진적인 함의가 있다. 형식적 조작, 탈인습적 도덕판단, 또는 그 무엇이든 간에, 주어진 목적이 존재한다면, 발달 개념은 근본적으로 미래지향적이라는 전통적 의미를 유지한다. 발달 과정에서 일어나는 모든 일은 그러한 목적을 향하고 있다. 그러나 그러한 주어진 목적이 존재하지 않는다면, 앞서 언급한 삶의 과업과 도덕적 요구에 따라 발달 과정 자체를 통해 가능한 목적의 다양성이 명확히 표현되는 정도, 즉 발달상의 변화는 그가 누구이며 어떤 사람인가라는 질문을 넘어 한 개인이 어떻게 바람직하게 변화했는가를 판단할 수 있는 위치에 도달한 후에야 비로소 회고적으로 말할 수 있다. 달리 말하면, 그러한 위치에 도달하여 얻어낸 발달의 목적이 출현하여 이전의 목적과 서로 대조됨으로써 그 주어진 목적을 불충분한 것으로 혹은 열등한 것으로 만드는 발생적 발달이라는 목적이 존재한다고 말하는 것이 불가능하지 않다면, 발달 개념은 오히려 목적론적으로 미래를 향한 추진력이 아니라 변화에 관한 끝없는 회고의 이야기로 간주되어야 한다.

이러한 맥락에서 우리는 발달이 어디로 향하고 있는지, 또는 어디로 나아가야 하는지에 대해 결코 확실하게 말할 수 없다. 단지 우리는 발달이 어디에 있었는지에 대해서만 말할 수 있을 뿐이다. 그리고 무엇보다도 이런 이유로 인해, 우리는 내러티브의 아이디어로부터 발달을 연구하기 위한 적절한 방법론적 도구와 그것을 개념화하기 위한 적절한 이론적 렌즈를 볼 수 있게 된다(Freeman, 1984; Tappan, 1989). 다시 말해, 사람들이 말하는 더 나은 앎과 존재의 양상에 대한 상반되고 역설적인 역사들은 우리로 하여금 '발달'이라는 것을 끊임없는 목적의 재구성으로 해석하게 한다.

물론 이러한 견해에 대하여, 발달이라는 것에 무언가 명백히 비관적인 면이 있다고 주장할 수도 있을 것이다. 만일 삶의 목적을 재구성하는 일 그 자체가 성격상 끝이 없는 것이라면, 사람들은 자기가 지금 있는 곳에 대하여 절대로 궁극적 타당성을 확신할 수 없을 것이다. 도덕적 확실성을 깊이 느끼는 일이 미래에 일어날 가능성은 언제나 존재할 것이다. 더욱이 아마도 몇몇 사람들은 어떤 특정한 곳으로 인도되지 않는 인생을 산다는 생각을 받아들이기가 어려울 수도 있을 것이다. 실존적인 방식으로 표현하면, 과거의 괴로움에 문을 걸어 잠그고, 그것이 영원히 사라졌다는 안도감으로 뚫어지게 바라볼 뿐인 최후의 안식처는 결코 미래에도 그리고 현재에도 존재하지 않을 것이라는 고뇌가 있을 것이다. 다시 말하여 절대적 목적이 보이지 않는 상황에서 의심의 여지 없이 고뇌에 빠질 것을 깨닫게 될 것이며, 이는 곧 다소간은 발달에 대한 '겸손'의 마음이 요구된다는 점을 시사한다. 마침내 참된 길을 발견했다고 하더라도, 그 이전에 이런 식으로 느꼈을 가능성이 훨씬 더 크다는 앎에 의해 참된 길의 확실성은 조절되어야 하며, 반복해서라도 새로운 발달에 관한 도전과 그 결과로서의 목적의 출현을 바탕으로 그러한 확실성에 의문을 제기하는 것을 지켜보아야 한다. 그러므로 절대 존재를 진지하게 열망하는 사람들에게는 여기에서 지지하고 있는 발달적 관점이 "신은 죽었다."는 니체의 선언처럼 다소 과하게 들릴 수도 있다.

하지만 이 문제를 전적으로 다르게 보는 방법이 있다. 그리하여 이제 나는 이러한 발달적 관점이 현존 모델에 있어서 왜 유용하고 긍정적인 대안이 될 수 있는지를 설명해보겠다.

맥락상의 발달

    첫째로 만약에 발달 과정에 절대적인 목적이나 상한선이 없다면, 우리는 잠재적으로 평생의 과정이라는 실용주의적으로 바람직한 가능성의 여지를 확보할 수 있다. 로빈슨과 나는 다른 연구에서 (Freeman and Robinson, 1990) 다음과 같이 주장한 바 있다. 예를 들어 성인기와 노년기에도 발달과 같은 것이 존재하는가의 여부에 관한 질문은, 특히 발달의 운명이 위태로운 사람들에게는 다소 해로운 것이 된다. 발달 연구원이자 이론가인 우리가 발달이 어떤 것인지를 결정하는 바에 따라, 우리는 발달 능력이 있는 것으로 볼 수도 있고 그렇지 않을 수도 있다. 아동들은 분명히 발달한다고 주장한다. 그러나 성인기와 그 이후에는 불분명하다. 이것이 의미하는 바는 무엇인가? 우리는, 노년기에는 발달이 일어나지 않으며, 따라서 노년기의 사람들은 인간으로서 성장할 수 있는 기회의 가능성을 품는 것조차 할 수 없다는 경험적 주장을 하려는 것인가?

    이 문제는 어떤 형태로든지 가능한 한 목적 상한선을 상정하는 구조적이고 규범적인 이론적 모델의 관점에서만 제기될 수 있다. 그러나 이러한 유형의 이론적 모델은 내가 방금 말한 유형의 심리적 성장의 가능성으로부터 우리를 멀어지게 한다. 이 모델은 발달이 자연적이거나 준자연적인 과정이라고 가정하며, 이에 따라 인간의 성장과 쇠퇴는 본질적으로 동물이든 식물이든 유기체의 비유에 기초한다. 나는 우리가 육체가 없다고 주장하려는 것이 아니며, 그것들이 쇠퇴하지 않는다고 주장하려는 것 또한 아니다. 그러나 우리 가운데 가장 연약하고 쇠약해진 노인조차도 때때로 인간 존재로서 이전의 자신의 모습보다 훨씬 나은 위치로 나아갈 수 있지 않을까?

이는 단지 학문적인 의견이 아니다. 특히 우리 문화권에서는 일단 살아갈 날이 얼마 남지 않은 사람은 금욕적으로 사는 것 외에는 할 수 있는 일이 거의 없다고 확신하는 사람들이 적지 않다. 왜냐하면 그들은 노화의 의미를 발달상의 쇠퇴로 '알기' 때문에, 거의 무의식적으로 그러한 문화적 규정에 동의할 것이다. 이는 중요한 의의를 내포하고 있다. 현존하는 이론적 모델과 노화 자체의 심리적 경험 사이에는, 비록 간접적이지만, 관련성이 있어 보이기 때문이다. 그러므로 발달 모델은, 사람들의 발달 과정을 나타내는 것 외에도, 그들을 특별한 유형으로 구성한다고 말할 수 있지 않을까? 만일 그렇다면 우리의 삶이 과정의 종착점과 그것을 그려내려는 갈망 속에서 잠시 쉬고 있었을지도 모르는 인간 삶이라는 미지의 영역을 탐험하기 위해, 우리는 다른 방식으로 발달에 대하여 생각해볼 필요가 있다. 요컨대 만약 인간의 발달이라는 것이 '지각 있는 삶이 있는 한 발생한다'—발달은 잠재적으로 무한한 과정이라는 의미—라고 추정할 수 있는 그 어떤 이유라도 있다면, 우리는 그러한 추정을 수용할 수 있는 이론적 관점을 숙고해야만 할 것이다.

둘째로 여기에서 제안하는 발달의 관점은 개인이 자신의 삶에 관한 서사를 이야기로 표현하면서 회상하는 독특한 경험에 의존함으로써 인간이 발달한다고 말할 수 있는 방법의 다양성을 인정하는 길을 열어준다. 따라서 이 관점에서 발달은 무한정 일어날 수 있을 뿐만 아니라, 질문을 제기하는 사람들과 그들 각자의 사회문화적 맥락 등에 의해 무한히 다양한 방식으로 발생할 수 있다. 이러한 다양성을 바람직한 것으로 간주해야 하는 이유에 대하여 약간 허술한 포스트

모더니즘을 위험에 빠뜨리기 위해서는 우리가 거주하고 있는 세상에서 살아가면서 우리 스스로가 자신의 대안을 이끌고 있다고 보는 편이 현명한 생각일 것이다. 다른 사회문화적 맥락에 처해 있는 사람들이 우리와 완전히 다른 방식으로 발달할 수 있다는 가능성을 높임으로써, 우리는 다른 방식으로는 가질 수 없었던 타인 비판과 자기 비판의 기회를 얻게 된다. 우리는 때때로 우리 자신의 창발적인 발달 목적의 타당성을 완전하게 확신함으로써, 비록 일시적일지라도 우리가 연구하는 대상의 타자성을 적절히 수용하지 못할 수 있다. 그 결과로 우리는 삶의 맥락과 관련하여 사람들이 가지고 있는 창발적 목적의 가능한 타당성을 보지 못하는 것은 아닌가? 만일 그렇다면, 이 실패는 누구와 무엇을 열망할지에 관한 우리의 무의식적 부정으로 인해 우리 모두에게 해를 끼치고 있다. 우리는 때때로 상대방을 부정함으로써 우리 자신의 확고한 방식 중 일부를 느슨하게 하는 대화의 국면, 즉 다른 목소리를 빼앗기 때문이다.

셋째로 방금 논의한 요점을 확장하여 사람들이 거주하고 있는 다양한 사회문화적 맥락에 따라 발달한다고 말할 수 있는 다양한 방식에 초점을 둠으로써, 우리는 발달의 사회적 성격을 더 완전하게 인정하게 된다. 그러나 발달이 항상 이러한 용어로만 표시되는 것은 아니다. 웨인트라브(Weintraub, 1975, 1978)에 따르면, 예를 들어 발달의 경로는 이전의 사회적 요인과는 상관없이 생겨진 본질적인 것이며, 삶의 형태는 특정한 환경이 어떻든지 간에 똑같이 '펼쳐진' 것으로 간주되었다고 믿을 만한 충분한 이유가 있다. 그러나 그 이후로 그가 '역사적 의식'이라고 명명하기 시작하면서, 우리는 완전한 개인과 완전한 사회 간의 분리가 실지로 존재하지 않는다는 것을 이해하게 되었다. 따라서 한 사람의 삶의 형태는 사회적 상황, 사건 등의 산물인 동시에 자신의 초기의 발달적 잠재력의 산물이다.

요점은 사람들이 거주하고 있는 사회문화적 맥락이 발달 과정에 영향을 미칠 뿐만 아니라 발달 과정을 구성하고 정의한다는 것이다. 발달 과정은 주어진 장소에 고유한 담론과 사회적 실천 방식에 관한 기능에 해당하는 특정한 형태인데, 이 지점에서 면책 조항을 염두에 두어야 한다. 개인의 발달이 사회문화적 맥락을 통해 구성된다고 말하는 것은 발달이 근본적으로 부차적이라는 의미에서 사회 현실의 단순한 그림자일 뿐이라고 주장하는 것이 아니다. 오히려 주장하는 바는, 발달은 그것이 가정하는 형식이 발생하는 맥락에 전적으로 의존한다는 것이다. 즉 발달은 말하는 것, 생각하는 것, 행동하는 것의 가능성을 제한하는 어떤 형식이나 '전통'(Gadamer, 1979, 1985)에 의존한다는 것이다.

하지만 맥락의 이론적 중요성을 제외하고, 발달을 사회문화적으로 구성된 것으로 보는 것이 왜 유용한가? 이와 관련해서는 적어도 두 가지 이유가 있다. 첫째로 이론적으로 미리 전제되는 '탈맥락성'에 비하여 각각의 실제 상황 맥락과 관련하여 발달상의 차이점을 탐구하는 데 있어서, 우리의 주장은 특정한 장소의 적절한 발달 방식과 조화를 이룰 가능성이 훨씬 높다. 즉 특정 전통의 맥락 내에서 발달을 탐구함으로써 사람들이 말하는 것뿐만 아니라 삶의 조건을 고려하여 최적이라고 생각되는 목적을 존중할 가능성이 훨씬 높다. 이런 의미에서 우리는 대화의 가능성과 또한 발달이 의미하는 좀 더 광활하고 포괄적이며 폭넓은 개념의 가능성을 위한 다양하고 확장된 발달의 목소리를 잘 들을 수 있게 된다.

둘째로 나에게 있어 발달을 사회문화적으로 구성된 것으로 보는 더 중요한 이유가 있다. 그것은 우리가 때때로 사회문화적 변화의 필요성을 고려하기 위한 이론적, 실제적 방법을 손에 쥐고 있기 때문이다. 예를 들어 한 사람의 발달 가능성이 특정한 장소의 조건에 의해 효과적으로 단축된다면, 이러한 조건을 재고하고 또 과정을 다시 시작하기 위하여 변형하는 방법을 고려하는 것이 유용하지 않을까? 우리는 다른 방법으로 틀을 잡을 수 있다. 발달이 만약 경험에서 주어진 새로운 의미와 조금이라도 관련을 맺고 있고, 이러한 의미가 언어와 불가분의 관계에 놓여있으며, 결국 언어가 사회문화적 세계의 중요 부분이라고 본다면, 발달은 궁극적으로 언어와 맥락이 협상하는 것과 관련을 맺고 있고, 또 어떻게 그 경험을 중재하는가를 알게 되는가와 관련을 맺고 있다고 보아야 한다. 요컨대 누군가의 믿음과 행위에 대한 권위를 주장하는 것은 발달 과정이 계속될 수 있는 새로운 맥락을 마음속에 지니도록 하기 위한, 그리하여 언어의 새로운 형식을 만들어내기 위한 가장 근본적인 전제 조건이다(제1장).

바흐친(Bakhtin, 1986, 138)은 이 문제를 잘 표현하고 있다. "인간은 자신이 어느 정도로 외부 요인에 의하여 규정되고 있는가를 잘 이해할수록 진정한 자유를 이해하고 표현하는 데 가까워진다." 이 자체가 곧 '다시 쓰기'의 과정이다. 예를 들어 자신의 예술 활동이 자신보다도 타인의 지시에 의해 좌우되고 있다는 것을 깨달은 예술가는 그 활동의 의미뿐만 아니라 바로 자기 자신, 즉 자아의 의미까지 다시 쓰게 된다. 그렇게 되어서야 그 예술가는 있는 그대로의 자기 자신이 누구인지, 자신의 진정한 관심사와 소망에 도움이 되는 환경을 만들어내기 위하여 장차 해야 할 일이 무엇인지를 새롭게 생각할 수 있는 자유를 획득하게 되는 것이다. 따라서 자유와 함께 자연스럽게 책임 의식 또한 생겨나게 된 것이다. 그는 이제 적절한 행동 방침을 결정할 수 있는 위치에 서 있게 되는 것이다.

앞서 '새로운 것'에 대하여 말할 때, 나는 '무(無)에서' 언어를 만들어낸다는 의미의 완전히 새로운 것을 말하려는 것이 아니다. 바흐친(1986, 120)에 의하면, '창조된 무언가'는 '언제나 주어진 것—언어, 실재에 대한 관찰된 현상, 경험된 감정, 스스로가 화자로서의 주체, 자기의 세계관에서 완결된 무엇 등—에서부터 창조된다.' 이렇게 발달은 주어진 맥락에서 현존하는 담론의 척도에 의해 불가피하게 제한된다. 특정 시공간에서 할 수 있는 말과 할 수 있는 행동은 너무나 많다. 그러함에도 불구하고 그와 동시에, 바흐친은 '주어진 것은 창조된 것으로 완전히 변형된다'(Bakhtin, 1986, 120)라고 덧붙이고 있으며, 이러한 변형이야말로 우리가 발달 과정에서 언어와 맥락이라는 현상을 드러내고 그 너머로 나아가는 방편을 파악할 수 있도록 해주는 것이다. 간단히 말하여 발달의 '과업'은 인격에 기계적으로 영향을 미치는 '사물과 같은' 환경이 말하도록 하는 것, 즉 그 환경 속의 잠재적인 단어와 어조를 드러내고, 그것을 사고하고 말하며 행동하는 인격을 위해 의미론적 맥락으로 변형시키는 것이다(Bakhtin, 1986, 164). 그렇게 되어서야 비로소 발달은 가능하게 된다.

하지만 이러한 과업은 어떻게 실현될 수 있는가? 좀 더 자세히 말하면, 발달 과정을 앞으로 끌고 나가는 역할을 하는 새로운 형식의 언어를 어떻게 찾아낼 수 있는가? 그 유일한 방법은 타인과의 대화, 그리고 우리 자신과의 대화이다. 이 대화의 방법은 발달에 대한 현재의 관점을 숙고해야 할 네 번째 이유를 보여 준다. 지금까지 설명했던 방식대로 발달이라는 바로 그 개념의 의미를 확장하여, 어떤 단일한 절대적인 목적도 다른 어떤 것에 비해 특권을 가질 수 없다는 점을 분명히 함으로써, 우리는 삶이 이끌어가는 무한히 다양한 목적에 관한 대화의 가능성을 열 수 있다. 바흐친(1986, 7)의 설명은 이를 이해하는 데 도움을 제공한다. "하나의 의미는 서로 다른 이질적인 의미와 마주하고 접촉할 때라야 그 깊이가 드러난다. 의미들은 특정한 의미의 폐쇄성과 일면성을 극복하는 일종의 대화에 참여한다."

이상의 논의는 인간으로서의 우리, 그리고 발달심리학자로서의 우리는 우리가 연구하는 인간의 발달 또는 발달이 아닌 것에 대한 얼굴 없는 증인으로서의 역할을 할 수 있을 뿐만 아니라, 가능한 한 삶의 목적에 관한 대화 상대로서, 하마터면 듣지 못했을 목소리에 관심을 돌릴 수 있다는 점을 시사한다.

그러나 우리의 문제는 완전히 끝나지 않았다. 매킨타이어(1981)가 말했듯이, 대화는 오로지 의미 있고 중요한 곳, 즉 주어진 목적의 어떤 형태로 향하는 경우에만 훌륭한 것이 된다. 어쩌면 표면적으로는 우리가 마주한 위기에 대한 증언처럼 보이겠지만, 그는 대화 자체의 이러한 관념이 감탄할 만하다고 덧붙일 것이다. "현대 도덕 논쟁의 끝이 없고 불안정한 성격은 그러한 논쟁의 주인공이 주장하는 주요 전제의 특징을 이루는 이질적이고 통약불가능한 개념에서 비롯된다(MacIntyre, 1981, 210)." 즉 현대 도덕 논쟁의 불안정한 성격은 어떤 결핍과 상실로부터, 발달심리학과 다른 곳에서 오늘날 우리가 볼 수 있는 유형의 끊임없는 논쟁으로 절정에 달할 수밖에 없도록 하는 바로 그 도덕적 심연에서 발생한다. 이러한 심연에서 인간의 진정한 발달 가능성을 볼 수 있는가? 아니면 우리는 최신의 임의적인 방식으로 만들어진 '가짜 발달'로서의 실제적 시뮬레이션만을 보고 있는가?

계보학, 내러티브 그리고 인류 진보의 가능성

매킨타이어와 그 동료들(MacIntyre, 1981; Bellah, Madsen, Sullivan, Swidler, and Tipton, 1985)에 따르면, 인생의 궤적을 기록하는 것은 결국 니체를 따라 푸코(Foucault, 1980, 117)가 계보학이라고 부르는 것에 이르게 된다. 계보학은 "사건의 장과 관련하여 선험적이거나 역사의 과정 전체에 걸쳐 공허한 동일성을 유지하는 주체를 언급할 필요 없이, 지식, 담론, 대상의 영역 등의 구성을 설명할 수 있는 역사의 형식을 의미한다." 또 다른 글(Foucault, 1977, 139)에서 푸코는 "계보학은 정체불명이고 세심하며 인내심을 갖게 할 만큼의 기록으로 되어 있다."라고 말한다.

계보학은 잊힌 것들의 분산을 넘어 작동하는 끊임없는 연속성을 복원하기 위해 시간을 거슬러 올라가는 척하지 않는다. 이것의 의무는 모든 변화에 미리 정해진 형식을 부과하면서 과거가 현재에서 활발하게 존재한다는 것, 그 형식이 계속해서 현재에 비밀스럽게 생기를 불어넣고 있음을 증명하는 것이 아니다. (…) 반대로 (사회나 개인의) 복잡한 혈통을 따라가는 것은 지나가는 사건을 적절히 분산시켜 유지하는 것이다. 영원히 존재하고 우리에게 가치 있는 것들을 탄생시킨 우연한 사건, 미세한 편차-혹은 정반대로 완벽한 전도-나 실수, 거짓된 칭찬, 결함 있는 계산을 확인해보기 위한 것이다. 계보학은 진리나 존재가 우리가 알고 있는 것과 우리 자신의 뿌리에 놓여있는 것이 아니라 우연한 사건의 외면성에 있다는 것을 발견하기 위한 것이다(Foucault, 1977, 146).

이러한 맥락에서 보면, 보다 전통적인 내러티브 역사, 과거 질서의 연속적인 이야기는 흐름에 가해진 환상의 연속성에 지나지 않는다. 그리고 더 나아가서, 발달은 이차적인 환상, 즉 그 연속성을 억지로 떠맡게 된 인간의 진보라는 환상일 뿐이다. 그러므로 푸코가 암시하는 바와 같이, 우리는 그토록 바라던 질서를 파괴함으로써 그러한 환상을 원래로 돌려놓아야 한다는 점을 알아채야 한다. 그리하여 계보학은, "이전에는 고정된 것이라 간주했던 것을 흩뜨리고, 통일되어 있다고 여겨졌던 것을 산산이 부수며, 그 자체와 일치한다고 상상했던 것의 이종(異種)을 보여 준다"(Foucault, 1977, 147). 다시 말하면 그것은 분명한 사실이다. "우리는 현재 심오한 의도성과 불변의 필연성에 의존하고 있다는 믿음을 확인하기 위하여 역사학자들 그리고 아마도 발달심리학자들을 원할 것이다. 하지만 참된 역사적 의미는 평가 기준이나 경계표가 없이도 셀 수 없이 잃어버린 사건들 가운데 우리의 존재를 확인시켜 준다"(Foucault, 1977, 155). 매킨타이어와 그 동료들이 이런 유형의 대화에 다소 혼란스러워하는 것은 놀랄 일이 아니다. 그리고 그들이 역사기술적 전환점에서 도덕적 삶의 심오한 부패의 조짐을 찾아낸 것도 마찬가지이다. 삶이 주어진 목적에 따라 질서 정연하게 생각되어야 한다는 생각의 타파는 삶을 구성하는 사건을 기록하는 것이 우리가 할 수 있는 최선의 일임을 시사하고 있다.

그런데 만일 삶이 목적론적으로 정돈되어 있지 않고 '불변의 필연성'을 구현해내지 않을 경우, 삶을 궁극적으로 우연적이고 비합리적인 것으로 가정해야 하는 이유가 있는가? 그 이유는 우리가 무의식적으로 자아 발달에 대한 탈맥락화되고 비역사적인 관점에 너무 집착하여, 일단 맥락이 중요한 '변수'로 받아들여지면 당면한 문제에 대하여 말하는 적절한 방법을 찾기가 대단히 어려워지기 때문이다. 더 중요한 것은, 만일 사실상 인간 존재가 시간이 흐르면서 변하는 방법이 그들이 살아가는 맥락, 좀 더 구체적으로 말하여 그들이 쓰는 언어의 형식만큼이나 가변적이고 다원적인 방식이라면, 왜 우리는 인간 존재가 발달한다는 결론을 내려야 하는가? 왜 우리는 인간 존재가 시간의 흐름 속에서 듣고 내면화하는 서로 다른 목소리에 따라 변화하는 것 이상을 하고 있다고 가정해야 하는가? 푸코와 다른 학자들이 제기한 이의를 좀 더 심각하게 말하면, 왜 우리는 발달하거나 변화하는 통일된 주체를 가정해야 하는가? 아마도 시간의 흐름 속의 동일한 신체에서 서로 다른 말들이 나온다는 것이 우리가 말할 수 있는 전부일 듯하다.

'어린 아이가 도덕적으로 발달한다'는 것처럼 믿을 수 없을 정도로 단순한 바를 말하는 것은 적어도 세 가지의 심각한, 어떤 경우에는 논쟁의 여지가 있는 가정을 함축한다. 첫째로 어떤 유형의 영속적이고 통합된 실체로서의 어린이에 대해 말할 수 있다. 둘째로 이러한 실재는 시간이 지남에 따라 변할 뿐만 아니라 틀림없이 점진적인 방식으로 변할 수 있다. 셋째로 정당하게 '도덕적'이라고 부를 수 있는 현상의 영역이 실지로 존재한다. 이하에서는 우리가 이 각각의 문제의 적절한 대응 방법에 도달할 수 있는지를 알아보기 위하여 그 쟁점을 간략하게 설명해보겠다.

영속적 자아로서의 존재를 최종적인 방식으로 확립하는 것은 의심할 여지없이 불가능하지만—실증주의적 성향을 지닌 사람들이 영속적 자아의 존재에 의문을 제기하는 것도 바로 여기에 해당함—, 그것을 상정할 만한 충분한 이유가 있다. 세계를 비롯하여 그 세계를 바라보는 주체를 명명하는 언어의 출현 자체가 영속적 자아의 존재를 증명하는 것처럼 보일 것이다. 그러나 이러한 관점에도 풀어야 할 과제가 있다. 롤랑 바르트(R. Barthes, 1977, 145)에 따르면, 예를 들어 저자의 관념에 대한 그의 성찰에서 '나는 나'라고 말하는 실례가 이에 해당한다. 따라서 영속적 자아의 정립은 단순히 외삽[역자 주: 이전의 경험에 비추어 아직 경험하지 못한 경우를 예측해보는 기법]에 해당한다. 따라서 그의 관점에 비추어 볼 때, 언어의 출현은 자아를 낳는 것이 아니라 자아에 대한 관념을 낳는 것이다. 그러므로 영속적 자아는 현실에 관한 말을 넘어서는 가상의 구성물이다.

이렇게 파악하기 힘든 존재에 대한 우리의 믿음을 북돋우기 위해 우리가 움켜잡을 수 있는 다른 '자료'가 있는가? 나는 있다고 말하고 싶다. 언어와 더불어 자아의 영속성을 만드는 것은 우리 자신에 대해 암묵적으로 성찰하는 과정에서 또는 명시적으로 말하고 쓰는 과정에서, 우리가 누구이며 어떤 존재인지 그리고 우리가 그렇게 되는 방법을 설명하기 위하여 우리 자신에 대해 말하는 내러티브이다. 이제 우리는 언어와 불가분의 관계에 있는 내러티브의 아이디어에 중요한 지위를 부여함으로써, 이 특정한 자아가 우리가 말하는 단어의 기능이라는 것을 인정하게 된다. 그러나 이러한 시도가 자아가 단순한 추정이나 부수 현상 또는 허구를 의미하는 것은 아니다. 그것은 단지 언어가 다른 모든 것의 대부분을 구성하는 것과 마찬가지로 언어가 상당 부분 자아를 구성한다는 것을 의미할 뿐이다. 만일 우리가 원한다면 현실도 외삽이나 부수 현상 또는 허구라고 주장할 수 있으며, 아마도 그렇게 하려는 경향이 있는 사람도 있을 것이다. 그러나 내가 보기에, 현실과 자아의 언어적 구성이 궁극적으로 환상이라는 추가 가정을 수반한다고 주장할 이유는 거의 없다. 요점은 적어도 우리가 현대 서구 세계에서 자아라고 명명하는 파악하기 어려운 실재가 존재한다는 것이다(Baumeister, 1987; Geertz, 1979; Mauss, 1979; Sampson, 1989; Shweder & Bourne, 1984; Weintraub, 1975). 그 실재는 내러티브 안에서 그리고 내러티브를 통해, 즉 이야기 안에서 그리고 이야기를 통해 그 특정한 형태를 취하면서 발생한다.

그러므로 이 문제를 계속 진행하기 위하여, 먼저 우리가 실지로 어느 정도로 영속적 자아에 대하여 말할 수 있으며, 논쟁의 여지가 있더라도 발달의 가정을 고려하는 것이 옳다고 가정해보자. 나는 바로 앞서 자아의 발생 기원에 대하여 언급하였다. 그러나 다시, 우리는 회고에만 근거할 수 있는 이야기에서 일반적으로 전향적 정향을 지닌 발달로의 도약은 정확히 어떻게 이루어지는가? 달리 말하여 왜 우리는 자신에 관한 연속적인 이야기에서 그 이야기 이외의 것을 보아야 하는가? 그 이유는 시간에 따른 경험 영역의 맥락에서 자신이 어떻게 변화하였는지에 대한 명시적인 질문을 누군가로부터 받을 때, 그 자신이 말하는 이야기가 종종 개별 행위에 관한 것뿐만 아니라—"나는 예전에는 그런 식으로 행동하곤 했지만, 지금은 이런 식으로 행동한다." —, 재구성된 경험의 의미를 포함하기 때문이다. 나와 동료들이 진행한 한 연구(Freeman, Csikszentmihalyi, and Larson, 1986)에서는 몇 해 전 인터뷰한 한 그룹의 청소년들이 가족, 친구 그리고 자신과의 관계에서 겪었던 변화에 관하여 이야기를 주고받은 과정에서 새롭게 발견한 몇 가지를 상세하게 소개하고 있다. 그들은 가족, 친구 그리고 부모가 된다는 것의 의미에 관하여 새로 깨달은 바를 상세히 설명하고 있다. 이를테면 타인의 눈에 비친 자신이 아닌 진정한 상호성을 위하여 점진적으로 선택되는 친구가 있다는 것이 무엇을 의미하는지, 타인의 혼란스러운 요구에서 벗어나 반성적으로 혼자의 시간을 보내는 것이 무엇을 의미하는지가 바로 그 예에 해당한다. 그렇다면 그들은 발달하였는가? 그에 대한 나의 대답은 명백히 '그렇다'이다. 그들은 자신이 본 것과 실지로 주장하는 것, 즉 그들의 경험을 배치할 새롭고 더 포괄적인 해석적 맥락을 창조했기 때문이다(Tappan, 1989).

　그들의 상황은 틀림없이 나이가 들면서 변할 것이다. 아마도 그들 중 일부는 자신의 자유를 증진하기 위해 부모에게 등을 돌리기도 할 것이다. 아마도 진정한 상호성은 이후의 보완성에 비해 이차적으로 중요하다고 판단할 것이다. 아마도 혼자만의 시간이 자신의 가치에 대한 자기애적 집착을 조장한다고 생각하여, 자기 자신을 분석하기보다는 그냥 살기로 결정할 수도 있다. 그리고 원칙적으로, 앞서 언급하였듯이, 이러한 '다시 쓰기'는 개인의 끊임없이 변화하는 경험에 따라 영원히 계속될 수 있다. 여기에는 그들의 삶에서 일어난 경험을 이해하기 위한 새로운 해석적 맥락이 필요하다. 그러므로 푸코의 주장은 매우 옳다. 사건은 발생하고, 우리 삶의 상당 부분은 적절하다고 여겨지는 방식으로 사건에 대응하는 것과 관련이 있다. 더욱이 우리는 종종 우리 자신의 이해를 증진하기 위하여 만드는 해석적 맥락과 관련하여 심각하고 끔찍한 실수를 저지른다. 적어도 우리는 그 실수에 대해 고민하거나 처리하는 방식이 명백히 부적절하다는 점을 깨닫기도 한다. 그 결과로 우리는 자기 자신이 무지하고 열등한 피조물이라는 겸손한 자세로 과거를 돌아보는 것이다. 즉 '얼마나 어리석었는가', '얼마나 순진했는가', '얼마나 미성숙했는가', '얼마나 성급했는가', '얼마나 이기적이었는가', '얼마나 이타적이었는가' 등등처럼 말이다. 그러나 이러한 가혹한 깨달음에서 얻을 수 있는 어떤 작은 위안도 없다. 즉 우리는 더 이상 거기에 없다. 우리는 다른 곳에 있다고 느끼며, 우리가 도착한 곳이 당분간 더 나은 곳이라 판단하게 될 뿐이다.

그러나 왜 '더 나은' 것인가? 내가 방금 말한 이곳은 때로 다른 의미로 다가오기도 한다. 우리 자신에 대하여 새로운 시각을 얻을 수 있으며, 이전과는 다른 관점에서 사물을 볼 수 있다는 것이다. 하지만 해석 역시 분명히 더 나아질 수 있다. 우리는 이를 어떻게 아는가? 우리는 새롭게 형성된 해석적 맥락과 이전의 것을 병치함으로써 그것을 알 수 있으며, 그 대체의 과정에서 이전의 해석적 맥락의 부적절성이 드러나게 되는 것이다. 가다머(Gadamer, 1979, 157)는 "'이전의' 선입견은 단순히 버려지는 것이 아니다. 그것을 대체하는 것이 무엇이든 공격받는 입장 자체가 폭로되고 선입견이라고 맹렬히 비난받은 후에야 비로소 신임장을 받을 수 있다."라고 언급하고 있다. 따라서 "다른 것을 대체하는 모든 '새로운' 입장은 '이전의 선입견'을 계속해서 필요로 한다. 왜냐하면 그 반대되는 것에 관하여 알지 못하는 한, 그것은 설명될 수 없기 때문이다"(Gadamer, 1979, 157).

그러므로 더 나은 발달적 진보라는 개념은 객관적인 방식이라고 추정되는 서로 분리된 경험에 대한 두 가지 해석을 비교하는 데서 나온 것이 아니라, 오히려 둘의 관계, 즉 하나가 다른 하나로 변형되는 데서 비롯된다. "이제 이전의 나에 비해 이 현상을 더 적절하게 이해하고 있다."라고 말할 수 있게 된다. 그런데 이 역시 틀림없이 변할 것이며, 우리의 겸손, 어쩌면 우리의 굴욕감은 또다시 나타날 것이다. 그러나 우리는 이전의 결점으로 인해 스스로를 너무 꾸짖어서는 안 된다. 왜냐하면 우리 자신의 경험 세계가 아마도 그사이에 변했을 것이기 때문이다. 우리는 이전의 결점으로 인해 자책해야 하는가? 물론 그것은 이전의 해석적 맥락이 우리가 처한 상황에 부적절하였을 경우에 한한다.

여기에서 최소한 하나의 문제가 추가로 발생한다. 우리가 세상에 대하여 취하는 새로운 해석적 입장이 이전 것보다 낫다는 것을 철저히 확신할 수는 있지만, 우리가 그 확신을 믿으면서 자기기만의 상태에 빠져있을 가능성도 분명히 있다. 변호인들과 같은 사람들은 아무런 의심 없이 도덕적이든 아니든 가장 냉정하고 합리적인 판단 방식으로 일할 수 있다. 그렇다면 우리는 '가짜' 발달이 아닌 '진정한' 발달을 경험했다는 것을 어떻게 알 수 있는가? 우리는─이 충고는 다른 사람 중에서도 확실히 프로이트(S. Freud)를 떠올리게 함─우리의 새로운 해석적 입장을 세상에 내놓고 안주하기보다는 그것이 세상과 얼마나 잘 부합하는지를 지켜볼 필요가 있다. 달리 말하면 우리는 새로운 해석적 입장을 우리가 가진 경험과 관련하여 시험해보고, 그것이 이전의 입장보다 더 적절한 의미를 지니고 있는지를 지켜보아야 한다. 만약 그것이 가능하다고 판단되면, 아마도 우리는 준비가 된 것이다. 만약 가능하다고 판단되지 않는다면, 아마도 우리는 발달의 선택권에 대하여 좀 더 철저하고 충분하게 생각하는 것이 나을 것이다. 어떤 경우에서든 여기에 설명된 노선을 따라 발달은 새로운 해석적 맥락, 경험의 특정 영역, 그리고 동시에 자아를 다시 쓰기 위한 노력이라는 매우 광범위한 의미로 이해될 수 있다. 이러저러한 경험의 영역에 관하여 내 관점을 좀 더 적절하게 만듦으로써, 내 앞에 있는 이 새로운 '텍스트'가 자아의 구조로 전유(專有)함으로써, 비로소 나를 변화시키는 것이다.

이야기의 도덕

자신의 이야기든 타인의 이야기든 그 안에 도덕적 요소가 없으면 이야기하기가 어렵다. 실지로, 이야기가 전달되는 바로 그 방식, 그 '이야기 구성'의 방식(White, 1978)은 도덕적 입장을 함의하고 있다. 오히려 도덕적 입장의 이야기를 전하기 위해 내러티브를 선택했다고 할 수 있으며, 이 선택은 종종 자신이 보유하고 있는 가장 근본적인 신념, 가치 및 이상에서 비롯된다. 물론 앞서 예술가와 함께 언급되었던 자아 발달에 관한 내러티브에서는, 발달의 개념—흔히들 '선'이라고 부르는 것과 불가피하게 결부된—은 반드시 어떠해야 한다는 개념과 떼어놓고 생각할 수 없다는 이유에서, 도덕적 요인이 훨씬 더 분명하게 나타난다. 결국 이는 고려되는 경험의 영역이 무엇이든 간에 발달의 내러티브가 항상 그리고 필연적으로 도덕과 관련된다는 점, 여기에서 그것은 더욱 바람직한 그리고 바람직하지 않은 존재와 앎의 방식이 있음을 함축하는 매우 넓은 의미에서 받아들여진다는 점을 의미한다. 그러므로 기술적 숙련은 차치하고라도, 예술적 발달에 관하여 이야기하기 위해서는 예술이 어떠해야 한다는 것에 관한, 이를테면 예술은 활동에 있어서 제한이 있어서는 안 되고, 의사소통을 위한 것이어야 하며, 정치적 의식을 고양하는 것이어야 한다 등의 도덕적 주장을 해야만 한다. 따라서 무엇이 바람직하다는 개념은 피할 수 없다.

하지만 이 역시 붙잡고 씨름하기에는 골치 아픈 개념이다. 아마도 매킨타이어 같은 사람이 보기에, 근거가 없고 기이하며 근본이 없으며 어쩔 줄 모르는 선택을 하면서 현대적인 경치를 더럽히는 주정주의(主情主義)적 자아의 냄새가 너무 강하게 날지도 모른다. 확실히 그는, 앞서 윤곽을 짜놓은 발달 연구에 관한 대화식 프로젝트에 대한 응답으로, 우리가 단일한 목소리로 이루어진 불협화음, 즉 각자 한순간의 욕망을 최대한 따라서 선에 대하여 본질적으로 공허한 개념을 주장하는 목소리를 듣게 될 가능성이 크다고 주장할 것이다. 여기에서 문제가 발생한다. '선'이 무엇인가에 대하여 행복한 동의를 하는 데 필요한 몇몇 철학적이고 도덕적인 돌파구가 없다면, 결국 우리는 자신의 한계 내에서 이루어지는 다양한 목소리를 들을 수밖에 없을 것이다. 그러나 도덕적 목소리의 이러한 이종(異種) 합창이 반드시 불협화음을 만들어내는가? 그것은 자아와 타자와 대화가 없는 경우에서만 그러할 것이다.

지금 나는 우리가 다다르게 될 의사소통적 안식처가 존재한다고 생각할 만큼, 미래에 펼쳐질 길에 관해 그렇게 이상주의적으로 낙관하는 것이 아니다. 아마도 선에 관한 상충하는 요구를 아예 없앨 수는 없을 것이다. 하지만 선에 관한 합의에 도달할 수 없음이 우리의 논의에서 필연적 부담으로 간주되지는 않는다. 사정은 오히려 그와 정반대이다. 대화와 발달이 가능한 것은 그 테이블 위에 대립되는 주장이 있을 때이다. 왜냐하면 서로 다른 앎과 존재 방식 사이의 병치와 모순을 통해서만 앞으로 나아가도록 조장할 수 있기 때문이다.

아직은 선에 관한 대화가 가치 있는 곳으로 이끈다는 생각에 대해 회의적인 사람이 있을지 모른다. 주지하고 있듯이, 대화는 쉽게 논쟁으로 이어지며, 논쟁은 쉽게 폭력으로 이어진다. 그러므로 잘은 모르지만, 만약 앞서 논의한 모든 예술가가 예술적 발달의 의미에 관한 대화를 하기 위해 한 방에 모인다면, 본격적인 말다툼이 벌어질 수도 있을 것이다. 그러나 만약 대화가 없는 경우보다는 그러한 대화를 통해 좀 더 유익한 결과가 있을 것이라고 상상하는 것이 가능한지를 묻는다면, 나에게 있어 그 대답은 분명하다. 적어도 아마 몇몇은 타인이 하는 것에 대하여 건전한 존경심을 품게 될 수도 있고, 자신의 방식이 아닌 다른 방식으로 삶을 영위할 수 있다는 사실을 이해하고 인정할 수 있을 것이다.

나는 선에 관한 대화의 중요성에 주목할 것을 요구하면서 도덕적 선택을 해왔다. 나는 타인과 함께 선에 관하여 이야기를 주고받는 것이 그렇게 하지 않는 것보다 낫다고 생각한다. 나는 아이디어를 제시하는 과정에서 나 자신의 선입견이 반영될 수 있다는 점을 솔직하게 인정한다. 물론 대화의 바람직함에 관한 대화 역시 있을 수 있다. 다시 말하면 아마도 요즘 시대에 도덕적 수다가 너무 끊임없이 벌어진다고 생각하는 사람들도 있을 수 있는데, 이제 강경하게 언급할 때가 왔다. 아마 그들은 확신이 서지 않는 경우라면 제도에 의존하라고 말할지도 모른다. 그렇게 될 때 비로소 격변은 점점 약해진다는 것이다. 매킨타이어와 다른 학자들이 증명해 온 도덕적 분열과 함께 우리는 종교인에서부터 지성인에까지 걸쳐있는 매우 다양한 근본주의를 마주하게 된다. 무엇이든 간에 이 위기는 충분히 막을 수 있을 것이다.

그러나 우리의 현재 상황을 전적으로 다르게 이해하는 방식이 있다. 여기에서 제안된 유형의 대화는 본질적으로 끝없이 계속되면서도 어떤 곳으로도 이끌지 못하는 것이 아니라, 오히려 무의식적이고 입 밖에 나오지 않은 채로 남아있었을지도 모르는 도덕적 삶의 특정 국면을 의식하게 만드는 방안으로 간주할 필요가 있다. 우리가 그것을 어떻게 규정하려 하는가와는 상관없이, 대화는 우리를 맹목적인 믿음에서 진정한 도덕성으로 나아가도록 하기 때문이다. 그러므로 대화는 아마도 끝이라기보다는 시작으로 이해하는 것이 더 나을 것이며, 이러한 이해는 우리가 도덕적 존재로 서 있는 세계에 관한 더욱 확실하고 완전한 의미로 안내할 것이다.

결론

이 장에서는 발달 연구에 관한 방법론적인 접근으로서만이 아니라 내러티브라는 아이디어 그 자체가 발달 과정에 내재되어 있다는 주장을 전개하였다. 이것이 의미하는 바는, 분명히 발달은 근본적으로 '회고적인' 개념이며, 여기에서 '다시 쓰는 자아'라고 불리는 것에 기반을 두고 있다는 것이다. 발달은 그것이 일어나기 이전보다 틀림없이 또는 명백히 더 나은 심리적 장소에 도달한 후에야 비로소 가능한 개념이다. 발달에 관한 내러티브가 삶을 혼란스러운 흐름으로 간주할 수 있다는 것, 즉 허구를 지칭하는 것으로 받아들여서는 안 된다. 제4장에서 제안한 바와 같이, 삶 자체는 언제나 필연적으로 내러티브에 의해 중재되며, 이는 우리를 의미 있는 방식으로 생각하고 행동하도록 이끈다. 그러므로 발달의 내러티브가 염두에 두는 관심은 이전의 삶과 대화를 대조함으로써 어떻게 새로운 자아의 구성이라는 목적을 향하여 의미가 재조정되고 재형상화되며 재확인되는지를 정확히 보여 준다는 데 있다.

물론 한 사람의 '더 나은 방법'이 우리 자신과 타인에 의해 받아들여지지 않는다는 것을 인정하는 관점은 우리를 곤란하게 한다. 예를 들어 정보 제공자가 단순히 다른 사람의 말을 되풀이할 뿐, 자신의 언어에 권위를 부여하지 않는 경우를 보게 되면(Tappan, 제1장), 우리는 새로운 의미 탄생을 보조하는 산파처럼 행동하려고 할 것이다. 즉 엄청나게 많은 타인 사이에서 자기의 목소리를 찾을 수 있도록 도울 것이다. 그러나 정보 제공자의 발달에 관한 견해가 우리 자신의 가치, 신념 및 이상에 반하는 경우에는 어떻게 해야 하는가? 새롭게 구성된 자아가 자신의 삶에 대한 권위를 충실히 주장하는 방향으로 나아갔다고 해도, 그 방향이 인간의 품위라는 기초적인 기준과 완전히 반대될 가능성이 여전히 존재하지 않는가? 예를 들어 정보 제공자가 자신의 신념과 행동에 대해 권위를 주장하는 능력이 발달한 결과로 가장 추악한 의미에서 권위주의자가 된다면 어떻게 되겠는가?

비록 근대의 여파로 인해 우리가 인간 발달의 목적을 절대적 용어로 식별할 수는 없다고 하더라도, 심리학자들은 선하고 수용적이며 독단적이지 않은 파트너가 되어야 하며, 그리하여 내가 간단하게 '희망'이라고 부르는 원리로 무장하여 대화를 수행해야만 할 것이다. 그렇게 하는 것의 가능성이 흐릿하게 보일 경우에도 대화를 더 이어갈 수 있을 것이라는 희망, 그리고 적어도 사람들이 스스로 주장하는 권위가 이해, 배려, 동정심같이 눈에 띄는 미덕에 작게나마 봉사할 것이라는 희망이 바로 이에 해당한다. 그러므로 우리는 우리가 연구하는 사람들을 돕는 것 외에도, 중립을 지킨다는 명목으로 자신의 도덕적 의무를 지워내지 않도록 스스로를 도울 필요가 있다. 말할 필요도 없이, 이 일의 목적은 그 자체로 권위주의자가 되도록 설득하는 것이 아니라, 뒤이은 대화가 열려있고 실재할 것이라는 희망을 가지고 대화에 참여하도록 하는 것이다. 그릇된 신념을 가진 행위는 좋지 않다. 그것은 우리 자신과 타인에 대한 책임감을 포기하는 것이다. 우리가 대화에서 정체불명의 목격자가 아니라 진실로 파트너가 되고 싶다면, 가끔은 소란스러운 다툼에 뛰어들 준비가 되어있는 것이 좋다. 이것이 도덕적으로 할 수 있는 유일한 일일 수 있다.

📖 참고문헌

Bakhtin, M. M. *Speech Genres and Other Late Essays*. (V. McGee, trans.) Austin: University of Texas Press, 1986.

Barthes, R. *Image, Music, Text*. New York: Hill and Wang, 1977.

Baumeister, R. "How the Self Became a Problem: A Psychological Review of Historical Research." *Journal of Personality and Social Psychology*, 1987, 52(1), 163–176.

Bellah, R. N., Madsen, R., Sullivan, W. M., Swidler, A., and Tipton, S. M. *Habits of the Heart: Individualism and Commitment in American Life*. Berkeley and Los Angeles: University of California Press, 1985.

Foucault, M. *Language, Counter–Memory, Practice*. Ithaca, N.Y.: Cornell University Press, 1977.

Foucault, M. *Power/Knowledge*. New York: Pantheon, 1980.

Freeman, M. "History, Narrative, and Life–Span Developmental Knowledge." *Human Development*, 1984, 27(1), 1–19.

Freeman, M. *Rewriting the Self: History, Memory, Narrative*. New York: Routledge & Kegan Paul, in press.

Freeman, M., Csikszentmihalyi, M., and Larson, R. "Adolescence and Its Recollection: Toward an Interpretive Model of Development."

Merrill—Palmer Quarterly, 1986, 32(2), 167—185.

Freeman, M., and Robinson, R. "The Development Within: An Alternative Approach to the Study of Lives." *New Ideas in Psychology*, 1990, 8(1), 53—72.

Gadamer, H.—G. "The Problem of Historical Consciousness." In P. Rabinow and W. M. Sullivan (eds.), *Interpretive Social Science: A Reader*. Berkeley and Los Angeles: University of California Press, 1979.

Gadamer, H.—G. *Truth and Method*. New York: Crossroad, 1985. (Originally published 1960.)

Geertz, C. "From the Native's Point of View: On the Nature of Anthropological Understanding." In P. Rabinow and W. Sullivan (eds.), *Interpretive Social Science: A Reader*. Berkeley and Los Angeles: University of California Press, 1979.

Gilligan, C. *In a Different Voice: Psychological Theory and Women's Development*. Cambridge, Mass.: Harvard University Press, 1982.

MacIntyre, A. *After Virtue: A Study in Moral Theory*. South Bend, Ind.: University of Notre Dame Press, 1981.

Mauss, M. *Essays in Sociology and Psychology*. New York: Routledge & Kegan Paul, 1979. (Originally published 1938.)

Sampson, E. "The Deconstruction of the Self." In J. Shotter and K. Gergen (eds.), *Texts of Identity*. Newbury Park, Calif.: Sage, 1989.

Shweder, R., and Bourne, E. "Does the Concept of the Person Vary

Cross— Culturally?" In R. Shweder and R. LeVine (eds.), *Culture Theory: Essays on Mind, Self, and Emotion.* Cambridge, England: Cambridge University Press, 1984.

Smith, P. *Discerning the Subject.* Minneapolis: University of Minnesota Press, 1988.

Tappan, M. "Stories Lived and Stories Told: The Narrative Structure of Late Adolescent Moral Development." *Human Development*, 1989, 32(5), 300—315.

Tappan, M. "Texts and Contexts: Language, Culture, and the Development of Moral Functioning." In L. T. Winegar and J. Valsiner (eds.), *Children's Development Within Social Contexts: Metatheoretical, Theoretical, and Methodological Issues.* Hillsdale, N.J.: Erlbaum, 1991.

Weintraub, K. "Autobiography and Historical Consciousness." *Critical Inquiry*, 1975, 1(4), 821—848.

Weintraub, K. *The Value of the Individual: Self and Circumstance in Autobiography.* Chicago: University of Chicago Press, 1978.

White, H. *Tropics of Discourse.* Baltimore, Md.: Johns Hopkins University Press, 1978.

역자 후기

　이 책은 '인간 발달 연구'에 관한 한 세계적인 권위자로 인정받고 있는 윌리엄 데이몬(William Damon)이 "아동 발달의 새로운 방향 New Directions for Child Development"이라는 대주제 시리즈의 대표 편집자로 참여한 저서들 중, '도덕성 발달과 내러티브의 관련 문제'를 직접적인 관심사로 하여 심도 있게 다루고 있는 여러 학자들의 글을 논의의 내용과 맥락의 일관성을 고려하여 별도의 권(No. 54)으로 발간한 도서이다. 이 책의 공동저자이면서 편집자인 마크 태펀(Mark B. Tappan)과 마틴 패커(Martin J. Packer)는 현재 도덕성 발달의 문제를 활발하게 연구하고 있는 학자이며, 그중 '도덕교육의 내러티브 접근'을 표방하고 있는 태펀의 관점은 국내에도 널리 소개되어 있다.

　잘 알려져 있듯이, 오늘날 내러티브와 스토리텔링에 관한 연구가 특별한 관심과 주목의 대상이 된 것은 '내러티브 해석학narrative hermeneutics'으로 명명되는 해석학 연구 분야에서이며, 그 관심과 주목이 현대 심리학을 비롯하여 교육학 일반에서 두드러진 데는 브루너(J. Bruner)의 후기의 관점을 대표하는 내러티브 사고 양식이 상당한 정도의 영향력을 발휘했다고 보아도 무리한 해석이 아니다. 실지로 이 책에서는 도덕성 발달의 문제를 종래와는 달리 새로운 방향에서 모색하기 위하여 철학, 윤리학, (도덕)심리학을 대표하는 많은 '거인들의 어깨'에 기대고 있는데, 그중 내러티브에 특별한 관심을 가진 해석학자들의 연구 성과, 그리고 브루너의 관심이 전기에서 후기로 전환점을 이루는 데 결정적인 이론적 기반을 제공해 준 학자들의 연구 성과가 이 책의 주요 논의의 핵심 근거로 소개되고 있다. 특히 이 책은, 도덕성 발달 연구에 관한 현대의 역사를 특별히 내러티브와 스토리텔링과의 관련에서 논의의 여정을 펼침으로써, 도덕성 발달에 관한 새로운 문제의식과 연구의 방향을 제공해주고 있다. 이 점에서 이 책은 독자의 특별한 이해와 해석을 요청하며, 바로 그 과정에서 독자로 하여금 보다 의미 있는 논의가 촉발되고 진전되기를 기다리고 있다.

이 책의 주 제목으로 등장하는 '내러티브'와 '스토리텔링'은 영어 단어에 해당하는 narrative와 storytelling의 음역을 그대로 표현한 것이다. 국내에서는 이 두 용어의 음역 표현을 그대로 사용하는 것이 일반적이며, 특정 연구 분야, 이를테면 국문학이나 역사학, 교육학 등에서는 이 용어의 특징을 규정하기 위한 일환으로 '서사', '이야기', '담화', '담론', '이야기를 말하기', '이야기를 주고받기' 등으로 번역하여 사용하고 있다. 역자는 이 책의 제목에서 영어의 음역을 그대로 사용하고 있으며, 본문에서는 내용의 맥락과 의미 전달의 문제를 고려하여 위의 용어들을 자연스럽게 섞바꾸어 사용하고 있다. 내러티브에 관한 역자의 연구 경험에 비추어 말하면, 내러티브와 스토리텔링에 관한 꼭 알맞은 번역 용어를 찾는 일은 쉽지 않다. 이로 인해, 때로 학교 현장에서는 내러티브와 스토리텔링이라는 용어를 '(어려운 것을) 쉽게 서술하고 쉽게 전달하기 위한 목적', 이를테면 활용과 처방의 관점에서 사용하기도 한다. 이는 스토리텔링의 의미를 아우르는 내러티브의 의미와 가치를 특정 관점에서 사용하고 있다는 점에서 나름의 의의를 가질 수 있겠지만, 그러한 관점은 내러티브에 대한 오해이자 그에 대한 의미의 왜곡이 낳은 결과이다. 이 책이 시사하고 있는 바는, '내러티브와 도덕 사이에는 상당한 정도의 긴장 관계가 성립하며, 그로 인해 내러티브와 도덕이 녹아들어 펼쳐지는 인간의 행위 사태, 달리 말하여 양자의 역할과 기능이 촉발되고 진전되는 과정은 인간의 인식과 존재를 공유하는 자아의 내러티브가 특별히 심성과의 관련에서 내면으로의 회귀 운동이 일어나는 이해의 경험적 사태로 이해되고 해석되어야 한다'는 점이다. 본래 영어 단어 narrative는 narration과 story와 같이 정태적 의미의 명사형으로 이해되고 그에 따라 사용될 수 있다. 그러나 이 단어가 형용사로 이해되는 경우에는 생생하고 동태적인 성격으로 사용되며, 또 그렇게 될 때 narrative의 의미와 가치는 더욱 빛을 발할 수 있게 된다. 말하자면 '이야기를 "이야기답게" 한다'는 점에서 내러티브는 특별한 역할과 기능을 발휘하는 방편이다. 이 점을 고려할 때, 어려운 것을 쉽게 서술하거나 전달한다는 의미로 내러티브를 규정하는 관점은, 비록 일면에서는 타당하다고 볼 수도 있지만, 근본적 관점에서 볼 때 재고의 여지가 있다.

이 책에서 저자들은 도덕성 발달에 관한 종래의 지배적인 관점에 대한 비판적 고찰을 출발점으로 하여, 내러티브가 어째서 도덕성 발달의 문제를 해명하는 면에서 주목받아야 하는가를 가능한 한 충실하게 설명하는 담론형식을 취하고 있다. 그러나 예리한 독자가 보기에, 이 책에 소개되어 있는 도덕성 발달과 내러티브의 내적 관계에 입각한 문제의식에 관한 저자들의 지적 모험의 여정이 과연 충분하게 펼쳐졌는지에 대한 근본적인 질문을 제기할 수도 있을 것으로 예상한다. 그도 그럴 것이, 역자가 이 책을 공부하고 번역하는 과정에서 그에 관한 질문이 계속해서 꼬리를 물었기 때문이다. 사실 역자는 이 질문을 염두에 두고 이 책의 내용과 관련한 여러 편의 학술 논문을 쓴 바가 있다. 그런데 근본적인 차원의 논의를 보다 심도 있게 펼치고, 또한 이 책에서 분명하게 설명되고 있지 않거나 충분하게 논의되고 있지 않은 부분에 대한 독자의 아쉬움에 부응하기 위하여, 『내러티브와 도덕교육』(가칭)을 제목으로 한 후속 저서의 집필을 수행하고자 한다.

사실 역자가 이 책을 본격적으로 공부하게 된 것은 역자의 학문적 관심이 '내러티브와 수업'에 관한 연구에 전적으로 의존하고 있다는 점, 그리고 대학원 강의에서 제자(화지은 선생님)의 논문을 지도하는 과정에서 본격적인 번역 작업을 착수하여 공부의 일환으로 삼아야겠다는 내적 동기에서 출발하였다는 점이 그 직접적인 계기이다. 번역의 과업에 참여해 본 경험이 있는 연구자라면 대체로 동의할 수 있을 것으로 예상하는 바이지만, 역자에게 있어서 이 과업은 지난한 작업이자 역자의 역량 부족을 실감하는 경험의 장이었다. 번역서에서 용어와 세부 내용에 관한 오역이나 의미의 왜곡이 발생했다면, 그것은 전적으로 역자의 책임이라는 점을 밝힌다. 이 점에 관한 한 독자의 아낌없는 질정을 바라마지 않는다.

이 번역서가 나오기까지 많은 분의 도움이 있었다. 박대호 선생님(한국교원대학교, 교육학박사)은 초벌 번역본의 난삽함에도 불구하고 아낌없는 수정과 보완의 아이디어를 제공해주면서 그 과정을 자신의 공부 기회로 삼았다. 그리고 역자가 몸담고 있는 학과의 교수님들은 역자의 연구가 더욱 빛을 발할 수 있도록 지원을 아끼지 않았다. 어려운 번역서 출판의 여건에도 불구하고 이 책이 국내에 출판될 수 있도록 흔쾌히 지원해준 이후근 선생님과 김윤정 선생님을 비롯한 피와이메이트의 관계자 분들에게 감사의 마음을 전한다. 무엇보다도 학자로서의 삶의 여정을 존중과 배려로 표현해주는 아내 미영, 부족한 아빠를 격려해주고 건강하게 성장하고 있는 수인, 윤후, 윤아에게 고마움을 전한다. 끝으로 역자가 공부의 참된 의미를 알아가고 인간다운 삶의 여정을 밟을 수 있도록 몸소 모범을 보여주고 계시는, 역자에게는 특별한 존재인 '두 분의 도덕적 청중'에게 깊은 감사의 마음을 올린다.

2022년 9월
풍향 연진관에서
이재호(李在浩)

찾아보기

저자 소개

Mark B. Tappan

Colby College(Waterville, ME) 교육학과 교수이다. 태펀의 연구 관심 분야는 청소년기의 도덕성 발달, 도덕교육, 해석학적 연구방법, 청소년과 성인의 사회적 관계 문제이다.

Martin J. Packer

Duquesne University(Pittsburgh, PA) 심리학과 교수이다. 패커의 연구 관심 분야는 또래 관계에서의 사회성 발달, 해석학적 연구방법, 일상 삶에서의 현상학이다.

역자 소개

이재호(李在浩)

한국교원대학교에서 비고츠키(L. S. Vygotsky)의 도덕심리학에 관한 연구로 교육학석사와 폴 리쾨르(Paul Ricoeur)의 해석학에 관한 연구로 교육학박사를 취득하였다. 2012년에 초등교사양성 국립대학인 광주교육대학교 윤리교육과에 부임한 이래 현재까지 교수로 재직하면서, 예비교사와 가르침과 배움을 함께 하고 있다. 연구 분야는 도덕철학과 도덕심리학에 기반을 둔 도덕교육이며, 특히 도덕과 수업의 이론과 실제에 관한 연구에 주된 관심을 두고 있다. 저서로는 『리쾨르와 현대 도덕교육』(단독, 2010, 교육과학사), 『초등학교 인성교육 살리기』(공저, 2011, 인간사랑), 『도덕과교육방법론』(공저, 2019, 교육과학사), 『도덕철학과 도덕교육』(공저, 2021, 교육과학사) 등이 있다.

내러티브와 스토리텔링: 도덕성 발달의 이해

초판발행	2022년 9월 20일
지은이	Mark B. Tappan · Martin J. Packer
옮긴이	이재호
펴낸이	노 현
편 집	김윤정
기획/마케팅	이후근
표지디자인	이소연
제 작	고철민 · 조영환
펴낸곳	㈜ 피와이메이트
	서울특별시 금천구 가산디지털2로 53, 한라시그마밸리 210호(가산동)
	등록 2014. 2. 12. 제2018-000080호
전 화	02)733-6771
f a x	02)736-4818
e-mail	pys@pybook.co.kr
homepage	www.pybook.co.kr
ISBN	979-11-6519-328-7 93180

* 파본은 구입하신 곳에서 교환해 드립니다. 본서의 무단복제행위를 금합니다.
* 역자와 협의하여 인지첩부를 생략합니다.

정 가   15,000원

박영스토리는 박영사와 함께하는 브랜드입니다.